W9-BOL-431

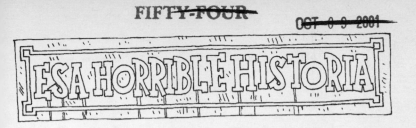

ESA HORRIBLE HISTORIA

ESA DEPLORABLE SEGUNDA GUERRA MUNDIAL

TERRY DEARY

Ilustrado por
Martin Brown

EDITORIAL MOLINO

Para Stephen Shannon, con mi sincero agradecimiento

Título original: *The Woeful Second World War*
Publicado por primera vez en el Reino Unido
por Scholastic Publications Ltd. en 1999
Traducción: Josefina Caball Guerrero
Copyright del texto © Terry Deary, 1999
Copyright de las ilustraciones © Martin Brown, 1999

Copyright © EDITORIAL MOLINO 2000
de la edición en lengua castellana

Publicado en lengua castellana por
EDITORIAL MOLINO
Calabria 166, 08015 Barcelona
Dep. Legal: B. 4250/2000
ISBN: 84-272-2041-3

Impreso en España   Printed in Spain

LIMPERGRAF, S. L. — Mogoda, 29-31 — Barberá del Vallés (Barcelona)

Sumario

ESA HORRIBLE HISTORIA

ESA GRAN CULTURA

ESA HORRIBLE CIENCIA

ESA HORRIBLE GEOGRAFÍA

Introducción

La historia puede ser horrible, pero unas épocas son más horribles que otras:

Por supuesto, esto es una cuestión de gustos:

La mayoría de las personas coinciden en afirmar que las guerras son los *peores* momentos de la historia. Y las guerras del siglo XX han sido las *más* horribles de todas, pues hasta los vencedores sufrieron terribles pérdidas. Las nuevas armas exterminaban indiscriminadamente: disparaban a sufridos colegiales, pulverizaban a pacíficos pensionistas y bombardeaban a inocentes bebés.

Tal vez creas que es fácil arrojar una bomba desde un avión porque uno no ve el dolor que está causando, pero la guerra saca a relucir lo peor de los seres humanos y convierte a algunos de ellos en monstruos que se divierten causando dolor, torturando y matando.

Y, en cambio, pone de manifiesto lo mejor de otras personas, como las que arriesgan sus propias vidas para luchar por lo que creen justo: los héroes y las heroínas.

La mayoría de los seres humanos están en el punto medio. Esperemos que *jamás* tengas que sufrir una guerra. En este libro de vez en cuando te pondremos a prueba, para que puedas decidir si te comportarías como un monstruo o como una heroína.

Los aburridos libros de historia te cuentan batallitas y te dan fechas, hechos y cifras, pero si lo que quieres saber es cómo se vivía en aquellos tiempos, cómo se comportaba la gente durante la Segunda Guerra Mundial, cómo habrías reaccionado tú, lo que necesitas es *Esa horrible historia* de la Segunda Guerra Mundial. Así que no te detengas y sigue leyendo.

Esa espantosa cronología

11 de noviembre de 1918 Fin de la Primera Guerra Mundial. Alemania es derrotada y el pueblo está resentido. Culpan a sus gobernantes, a los traidores de su país y, en especial, a los judíos. Están convencidos de que, si encuentran un buen líder, la próxima vez ganarán.

Década de 1930

1933 El Partido Nacionalsocialista, también llamado partido Nazi, gana las elecciones alemanas. Lo dirige el iluminado y perverso Adolf Hitler. Empiezan a meterse con los judíos y a acumular grandes cantidades de armas. Los alemanes tienen enemigos, sobre todo los soviéticos de Stalin, pero también tienen amigos, como la Italia de Benito Mussolini. En Gran Bretaña, Winston Churchill intenta advertir del peligro al pueblo británico, pero nadie le hace caso por ahora.

1937 En Europa, se forman dos «equipos» rivales: los «aliados», formado por Gran Bretaña, Francia y la Unión Soviética, y las potencias del «Eje»: Alemania e Italia. Ambos bandos buscan camorra.

En Asia, los japoneses atacan a los chinos. ¿Y qué? Pues que su guerra será la semilla de la inminente guerra europea.

30 de setiembre de 1938 Gran Bretaña y Francia pactan con Alemania e Italia no declararse nunca más la guerra. «Nuestros tiempos son de paz», dice el Primer Ministro británico Neville Chamberlain. ¡Qué equivocado estaba!

5 de octubre de 1938 Los alemanes, bajo el puño de Adolf Hitler, invaden los Sudetes, parte de Checoslovaquia, ¡pacíficamente! «No hago más que proteger a los tres millones de alemanes que viven aquí», dice Hitler inocentemente (¡era un mentiroso rematado!)

23 de agosto de 1939 ¡Horror! ¡Dos acérrimos enemigos se unen! Adolf Hitler de Alemania (el de bigote de cepillo) y Josef Stalin de la Unión Soviética (el del bigote de escoba) acuerdan pacíficamente no volver jamás a luchar entre ellos. Imposible. ¡No te fíes nunca de un hombre con bigote!

1 de setiembre de 1939 Hitler (el mentiroso) había prometido no invadir Polonia. Ese día su ejército ocupa Polonia y «pacíficamente» se la reparte con los soviéticos. Naturalmente, nadie pidió permiso a los polacos. Gran Bretaña y Francia declaran que lucharán por la liberación de Polonia. ¡Esto significa la guerra!

3 de setiembre de 1939 Gran Bretaña y Francia declaran la guerra a Alemania. Al día siguiente, Winston Churchill (que no lleva bigote y es bastante calvo) es nombrado Primer Lord del ministerio de marina de su país. Ahora será para él el momento de echarles en cara: «¡Ya os lo decía yo!»

8 de noviembre de 1939 Seis personas mueren al hacer explosión una bomba en una cervecería de Munich. Iba destinada a Hitler, pero éste había salido del local quince minutos antes de que la bomba explotara. Hitler sigue vivo y millones de personas morirán en la Segunda Guerra Mundial.

1940

9 de abril Alemania invade Dinamarca. Los daneses están tan perplejos que no reaccionan.

10 de mayo Los británicos nombran Primer Ministro a Winston Churchill. «Solamente os puedo ofrecer sangre, sudor y lágrimas», dice. Y naturalmente, la sangre y el sudor y las lágrimas de millones de personas. Ese mismo día

9

serán la sangre, el sudor y las lágrimas de los belgas y los holandeses al ser invadidos por los alemanes.

Junio Los ejércitos británicos de Francia son obligados a reembarcar en las playas de Dunkerque y huyen. Churchill dice que los británicos se defenderán en calles y colinas si los alemanes los invaden. «¡Jamás nos rendiremos!» Discursos duros para tiempos duros. Los italianos (que creen tener buen olfato para los vencedores) se unen a Alemania en la guerra contra los aliados.

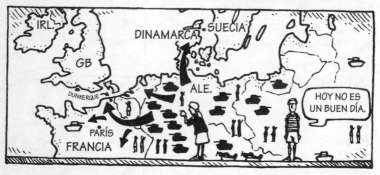

14 de junio Los alemanes entran en París. Los franceses dicen: «Nos rendimos sin resistirnos demasiado porque no queríamos que destruyeran nuestra querida ciudad». Los alemanes se burlan de este débil pretexto.

7 de setiembre Los aviones alemanes bombardean Londres en pleno día, mientras que la Royal Air Force, las fuerzas aéreas británicas, bombardean docenas de ciudades alemanas. Las mujeres y los niños pasan a ocupar la primera línea de guerra. **Diciembre** Japón interviene en la guerra al lado de Alemania. Italia invade Grecia y Egipto como los antiguos romanos. Esto es el inicio de la guerra en los desiertos del norte de África.

1941

10 de mayo Rudolf Hess, el ayudante de Hitler, aún más loco que él, roba un avión y se dirige a Escocia. Quiere convencer a Churchill de que se reparta el mundo con Hitler. Los alemanes dicen que Hess está como una cabra (y muchos británicos están de acuerdo). Los británicos encierran a Hess para el resto de su larga vida. Al día siguiente, las bombas alemanas destruyen la Cámara de los Comunes de Londres.

22 de junio Hitler incumple la promesa hecha a Stalin (¡qué raro! ¿verdad?) e invade Rusia. Hitler comete varios errores graves, pero éste es probablemente el peor. Los soviéticos no van a rendirse tan fácilmente como otros.

7 de diciembre Los aviones de combate japoneses bombardean la armada estadounidense en Pearl Harbour, Hawai. Estados Unidos entra en guerra con Japón en el océano Pacífico. Luego, los japoneses invaden la colonia británica de

la península de Malasia. Se inicia la guerra en la selva.

11 de diciembre Alemania e Italia declaran la guerra a Estados Unidos. Esto ya empieza a ser lo que se podría llamar una guerra mundial.

1942

20 de enero Los nazis elaboran el más perverso de sus planes. Los dirigentes alemanes se reúnen y llegan a la conclusión de que los judíos no son seres humanos. Los judíos sanos serán obligados a trabajar hasta la muerte y los débiles morirán de hambre o exterminados en los campos de concentración.

30-31 de mayo La RAF causa más daños en un ataque aéreo nocturno sobre Colonia que los 1300 ataques anteriores (según dicen). Mientras, los soviéticos han rechazado al ejército alemán y Estados Unidos ha bombardeado a la armada japonesa. La guerra empieza a ser un mal sueño para los nazis.

7 de agosto En el Pacífico, los *marines* de Estados Unidos desembarcan en Guadalcanal, en las islas Salomón. La guerra también es un mal sueño para los japoneses.

4 de noviembre En el desierto del Sáhara, en el norte de África, los británicos obligan a retroceder a los tanques alemanes en la batalla de El Alamein. Esto anima a los aliados.

2 de diciembre Unos científicos consiguen una reacción nuclear en cadena en una pista de squash de Chicago. Si esta energía puede ser utilizada en una bomba, se podría ganar la guerra. Serviría para aplastar a los enemigos. Pero, ¿quién será el primero en fabricar la bomba atómica? La carrera ha empezado.

1943

Febrero Los alemanes son finalmente derrotados en Stalingrado, URSS. Los soviéticos empiezan la larga y sangrienta ofensiva hacia Berlín.

19 de abril Los judíos de Polonia se rebelan contra los exterminadores nazis. El año anterior, habían ayudado a los nazis a «evacuar» a compañeros judíos porque pensaban que era para el bien de los judíos. Ahora corren rumores de que en realidad los llevan a campos de exterminio. Los rebeldes tienen poco que perder: morir luchando o morir en las cámaras de gas, pero...

16 de mayo Los judíos de Varsovia son exterminados. Algunos prefieren morir en sus casas ardiendo o saltar desde los tejados a ser prisioneros de los nazis. Himmler, al mando de las SS,

ordena la destrucción de los barrios judíos de todas las ciudades.

17 de mayo La RAF destruye los pantanos alemanes con un invento ingenioso: una bomba que rebota en el agua. De esta manera cortan el suministro eléctrico a las fábricas alemanas, pero también ahogan a muchas personas inocentes. No pruebes a destruir el baño de tu casa, ¡te ahogarías!

23 de julio Los aliados vuelven a desembarcar en Europa a pesar de la paliza de Dunkerque en aquel fatídico junio de 1940. Invaden Palermo y Sicilia, y se dirigen hacia el norte. Es un

largo recorrido de casi dos años hasta llegar a Berlín.

25 de julio Cuando los aliados invaden Italia, los italianos expulsan a Benito Mussolini del país. ¡Tenían que echar la culpa a alguien!

1944

Abril En el Pacífico, Estados Unidos salta de una isla a otra, avanzando hacia Japón. En Europa, los soviéticos

han llegado a Polonia y Rumanía, y se lucha en el norte y este de Alemania. Los aliados británicos y norteamericanos se dirigen hacia el norte, cruzando Italia. Sólo tienen que lanzar un ataque a través de Francia y dirigirse hacia el oeste, pero...

6 de junio Día-D. Los aliados desembarcan en Francia y se dirigen hacia Berlín, pero todavía les queda un año de camino.

12 de junio La nueva arma secreta de Alemania, una bomba volante, cae sobre Londres. Es la V1 («V» de *vergeltungswaffen*, que significa «arma de la venganza»). En un mes estas bombas matarán a casi 3000 británicos. ¡Un arma realmente vengativa!

20 de julio El propio Hitler sufre un atentado con bomba perpetrado por unos oficiales de su ejército. La bomba le arranca los pantalones, pero, desgraciadamente, Hitler sobrevive.

31 de agosto Los belicosos polacos se rebelan para echar a los invasores alemanes de nuevo, pero sus «amigos» so-

viéticos y norteamericanos se niegan a ayudarlos. ¿Resultado? Los polacos son aplastados muy fácilmente.

Setiembre Las primeras tropas de Estados Unidos pisan suelo alemán, pero los alemanes se resisten encarnizadamente. El final de la guerra aún está lejos.

1945

27 de enero Los soviéticos entran en el campo de exterminio de Auschwitz y liberan a 5000 prisioneros, en su mayoría judíos, pero llegan con tres semanas de retraso para salvar a los cuatro últimos prisioneros ejecutados por esconder explosivos. Los cuatro eran chicas jóvenes.

14 de febrero Tras dos días de ataques aéreos de los aliados, la antigua ciudad alemana de Dresden queda arrasada. Las estatuas, cuadros y bellas iglesias son destruidas. Mueren ni más ni menos que 130 000 personas. ¡Vaya Día de los Enamorados para Dresden!

12 de marzo Tres meses antes de esta fecha, una muchacha judía de 14 años termina su diario con las siguientes palabras: «Todas las personas son buenas». Ese día muere de hambre y con fiebre en el campo de concentración de Belsen, pero su diario pervive y es para nosotros una severa advertencia. Gracias, Anna Frank.

28 de abril En Italia, se juzga al dictador Benito Mussolini. «¡Si me dejáis vivir, os daré mi imperio!», implora, pero no tiene ninguna posibilidad. Lo matan de un tiro y lo cuelgan por los pies. El mundo entero lo ve.

30 de abril Los aliados rodean Berlín. Hitler no quiere terminar como Mussolini, por lo que mata a su perro, a su nueva esposa Eva y, finalmente, se suicida. Los guardias queman el cadáver para impedir que los vencedores, los soviéticos, lo exhiban. Muchos alemanes se niegan a recono-

cer que está muerto; muchos otros lo creen y se suicidan.

7 de mayo El nuevo gobierno alemán se rinde y la guerra en Europa termina. Sin embargo, todavía no se ha representado la escena más espeluznante de la guerra:

6 de agosto Estados Unidos arroja la primera bomba atómica sobre la ciudad japonesa de Hiroshima. Tres días después, cuando una segunda bomba destruye Nagasaki, Japón se rinde.

Es difícil luchar contra un enemigo cuando una sola bomba puede matar a 60 000 personas en unos segundos. La Segunda Guerra Mundial finaliza cinco años después de su comienzo, dejando un rastro de 40 millones de muertos.

Horrores nacionales

La Segunda Guerra Mundial fue distinta de las guerras del pasado porque no se estaba seguro en ningún sitio. Un niño inocente podía estar tumbado en la cama, leyendo tranquilamente un tebeo, estudiando en la escuela o sentado en el váter y estar muerto al cabo de un instante.

Las bombas te podían destrozar, los saboteadores te podían aniquilar y los proyectiles te podían hacer puré en cualquier sitio. El campo de batalla se conocía con el nombre de «frente». Los países, además de las zonas de guerra, tenían sus «frentes» en su propio territorio. Sucedieron hechos horribles tanto dentro del país como en los campos de batalla.

El chiflado ejército de papá

En 1940, la población británica temía una posible invasión alemana por mar y por aire. Los valientes británicos empezaron a armarse con fusiles y todas las armas que pudieran encontrar.

El gobierno pensó que sería mejor organizar la población en un ejército como Dios manda. Ya en 1939, Winston Churchill quería formar una milicia local, la *Home Guard*, y en mayo de 1940, cuando fue nombrado Primer Ministro, lo consiguió. Churchill esperaba 50 000 hombres. El primer día se apuntaron 250 000 hombres y en junio ya eran 1 500 000. Primero recibieron el nombre de Voluntarios para la Defensa Local, la LDV.

Al principio, aquellos hombres sin instrucción daban un poco de risa. No les dieron armas propiamente dichas y se armaron con todo lo que podía matar. Un muchacho contó:

Nos enviaron a defender una fábrica con palos de escoba. Yo cogí un cuchillo de la cocina y lo até al extremo del palo.

Un chico de 14 años se llevó un arco y flechas. ¿Te lo imaginas enfrentándose a los tanques, si los alemanes hubiesen invadido Gran Bretaña? Otros llevaban un bonito y largo palo de golf.

No es de extrañar que un cómico famoso de la época, un tal George Formby, cantara la siguiente canción:

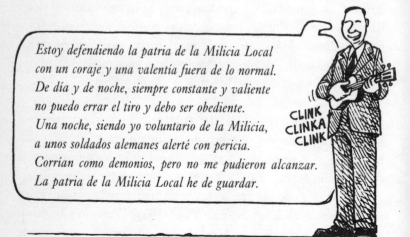

Estoy defendiendo la patria de la Milicia Local
con un coraje y una valentía fuera de lo normal.
De día y de noche, siempre constante y valiente
no puedo errar el tiro y debo ser obediente.
Una noche, siendo yo voluntario de la Milicia,
a unos soldados alemanes alerté con pericia.
Corrían como demonios, pero no me pudieron alcanzar.
La patria de la Milicia Local he de guardar.

CLINK
CLINKA
CLINK

El gobierno ordenó que las edades de los soldados de la Milicia Local debían estar comprendidas entre los 17 y los 65 años, pero se alistaron muchachos hasta de 14 años. Algunos combatientes en la Primera Guerra Mundial mintieron sobre su edad, que era superior a los ochenta años. Por este motivo, no es extraño que la Milicia se conociera con el mote del «Ejército de papá». Los hombres de la Milicia Local luchaban con entusiasmo. Saber que estaban haciendo algo para ayudar les hacía sentirse muy bien, pero a veces su entusiasmo no superaba su torpeza y entonces eran... «los desastres de papá».

Diez hechos horribles de la Milicia Local (Home Guard)

1 A los soldados de la Milicia Local les preocupaba cómo reconocerían a un alemán. Les habían advertido que un paracaidista enemigo podía haberse disfrazado de monja, vicario e incluso de mujer con un bebé. Para desenmascarar a un espía se les ocurrió la alocada idea de gritar:

Entonces, si fuera alemán, irrefrenablemente levantaría el brazo y, haciendo chocar los talones, respondería:

2 Los voluntarios de la Milicia Local corrían más peligro por sus propias armas que por las del enemigo, que, dicho sea de paso,

21

jamás llegó. Les dieron una bombas adherentes, algo así como las frutas azucaradas que llevan un palo clavado, pero explosivas. La idea era que tenían que acercarse corriendo al tanque enemigo y arrojar la bomba adherente a un lado del vehículo, pero, a la mayoría de ellos, al intentar arrojar las bombas, se les soltaba del palo y las bombas caían a sus pies. ¡Huy! 768 miembros de la Milicia Local murieron de accidente durante la Segunda Guerra mundial y casi seis mil resultaron heridos.

3 Y sus familias también estaban en peligro. Un soldado de la Milicia Local estaba limpiando su fusil en la cocina de su casa y olvidó que en la recámara había una bala. Apretó el gatillo, el fusil se disparó y mató a su esposa.

4 En los comienzos de la guerra, los soldados de la Milicia Local creían que todo el que cayera en paracaídas era un alemán. Un valiente piloto de la RAF, llamado James Nicholson, fue alcanzado por una bala de las ametralladoras de un caza alemán. Con el pie destrozado y ardiendo en llamas, el soldado siguió en su puesto y abatió el avión enemigo antes de lanzarse en paracaídas. Mientras descendía herido y ardiendo, unos jóvenes milicianos le disparaban con sus fusiles. El soldado gritaba, pero los muchachos estaban tan excitados que ni le escuchaban. El soldado logró sobrevivir, pero sufrió heridas muy graves por culpa de sus colegas de la milicia. (James Nicholson fue el único piloto de caza al que le concedieron la Cruz Victoria por su acción. Los milicianos que lo atacaron no consiguieron ninguna medalla.)

5 Los miembros de la Milicia Local tenían que encargarse de denunciar a los espías, incluso cuando dichas denuncias eran raras. En una ocasión, enviaron a un oficial británico a vivir en Winchester y le dieron una habitación en un pueblo cercano que tenía vicaría. La hija del vicario sospechó en seguida que era un espía alemán y fue a denunciarlo a la Milicia Local.

¡TIENE QUE SER UN NAZI APESTOSO!

¿CÓMO LO SABES?

PORQUE FUE AL VÁTER Y NO TIRÓ DE LA CADENA.

¡Esa chica tenía realmente ganas de deshacerse de los espías!

Una anciana encerró a un hombre de la compañía eléctrica en un armario, porque llevaba un bigotito como el de Hitler.

A LO MEJOR TENDRÉ MÁS SUERTE SI ME DEJO UNO COMO EL DE STALIN.

6 Los niños de las escuelas tampoco estaban a salvo, ni siquiera de sus compañeros. A Alan Chadwick le gustaba ir a la fábrica de aviones de su localidad al salir de la escuela para ver cómo probaban los nuevos aparatos. Un joven miliciano de 17 años estaba de guardia para detener espías. Al pasar Alan montado en su bici junto a la valla, el guardia le dio el alto. Alan no hizo caso. El guardia volvió a gritarle que se detuviera y, al ver que Alan no le hacía caso, hizo un disparo de advertencia al suelo, pero la bala rebotó en la carretera, le dio a Alan en la espalda y lo mató. ¿Por qué no se detuvo Alan cuando se lo ordenó el guardia? Porque era sordo.

7 Algunos soldados de la Milicia Local creían ser una especie de cuerpo policial en tiempos de guerra. Levantaban controles en las carretera para parar e interrogar a todos los que circulaban por aquel lugar. Un hombre se quejó de que lo habían obligado a detenerse veinte veces en un recorrido de diez kilómetros.

Incluso obligaron a un lechero local a ir a su casa a buscar sus documentos de identificación. Un escocés de la división de Protección de Ataques Aéreos iba en su coche a la base aérea de Leuchars y se saltó un control de la Milicia Local. Fue abatido a tiros.

8 Un día, cuando un inspector del gobierno estaba midiendo un campo, los habitantes del pueblo lo acusaron de ser un espía alemán. Un viejo peón intentó proteger al inspector y un miembro asustado de la Milicia Local lo mató de un disparo. El inofensivo anciano tenía 68 años. Cuando el inspector quiso enseñar su documento de identidad, también fue asesinado. El soldado que les disparó cumplió una condena de doce meses en la cárcel. Durante la Segunda Guerra Mundial, 50 británicos inocentes murieron en manos de la Milicia Local.

9 Probablemente era peor ser miembro de la Milicia Local de Alemania. Karl Weiglein, un campesino de 59 años, fue llamado para servir en el ejército de defensa nazi a finales de la guerra. Cuando el enemigo se acercaba, los nazis volaron un puente de la localidad, lo que enojó al campesino. Se quejó a uno de sus vecinos, diciendo: «Los que han hecho esto son unos idiotas y tendrían que ahorcarlos», pero el comandante de la Milicia Local (el maestro del pueblo) oyó al anciano Karl. Dispuso que fuese juzgado y luego ejecutado. Colgaron al anciano de su propio peral, ante la puerta de su casa, mientras su esposa veía la ejecución desde la ventana. Dejaron el cadáver colgado durante tres días para que sirviera de escarmiento a todos los que tuvieran ganas de quejarse.

10 Se creó la Milicia Local francesa (La *Franc-Garde* o *Milice*) para detectar el tráfico ilegal de alimentos. Si un restaurante tenía mas de lo que correspondía a su abastecimiento, la milicia lo repartía entre los pobres. ¿Verdad que parece una buena obra? De hecho, la *Milice* se convirtió en un nuevo cuerpo policíaco que colaboraba con el ejército alemán que había ocupado Francia. Saqueaban las casas, espiaban a los vecinos y delataban a los defensores de la libertad en beneficio de las fuerzas enemigas. Un superviviente francés contó:

Si uno anda por las calles de Francia, encontrará unos carteles azules que rezan: «Aquí fue abatido Jacques Dupont por los alemanes», pero nunca escriben: «Jacques fue primero traicionado por los colaboracionistas franceses.»

El «Ejército de Papá» británico era un peligro para ellos mismos y para la población británica, pero había otras milicias que podían ser mucho más crueles.

Un ejército secreto
En 1942, la Milicia Local británica recibió instrucción y buenas armas. Nadie sabe cuán útil hubiera sido si Gran Bretaña hubiese sido invadida, pero había *otro* grupo de combatientes que habrían tenido muchas posibilidades frente a los invasores.

Era un ejército secreto formado por comandos altamente preparados, a los que dieron las mejores armas y refugios subterráneos. ¿Cómo consiguió este cuerpo secreto mantenerse en la clandestinidad? ¿Acaso porque...?

a) Solamente hacían la instrucción de noche, cuando todo el mundo dormía.

b) Hacían la instrucción en una isla desierta, ante la costa de Escocia, donde los únicos posibles espías eran las ovejas.

c) Fingían ser soldados ordinarios de la Milicia Local.

> *Respuesta* **c)** El ejército secreto británico vestía y recibía la misma instrucción que la Milicia Local, pero era cruel y despiadado. Un día, un granjero se acercó a ellos y les dijo: «A mí no me engañáis. ¡Conozco vuestro secreto!». Los soldados decidieron que tendrían que matarlo si los alemanes desembarcaran algún día. «Seguro que lo habríamos hecho», afirmó un soldado.

Los combatientes franceses

En 1940, los alemanes llegaron a Francia y les gustó tanto que se quedaron. Se decía que los oficiales se afeitaban con champán.* Los alemanes ocuparon el norte y el este de Francia. Esta zona se conocía como la Francia «ocupada».

* En realidad se afeitaban con maquinillas y se enjuagaban con champán, pero ya me entiendes.

Tuvieron la amabilidad de permitir que los franceses gobernaran en el sur y el oeste del país, desde la ciudad de Vichy. Esta parte fue llamada la Francia «de Vichy». Naturalmente, los franceses del Gobierno de Vichy tenían que portarse bien y actuar como buenos alemanitos si no querían ser castigados.

Los alemanes no querían que las personas de la Francia ocupada entraran y salieran de la Francia de Vichy, proporcionando información e introduciendo armas. Cerraron la frontera entre ambas Francias.

Había otro grupo de franceses, los franceses «libres», dirigidos por el general Charles de Gaulle, que habían huido a Inglaterra cuando llegaron los alemanes.

La policía secreta alemana (la Gestapo) se lo puso muy difícil a los pobres habitantes de la Francia Ocupada, por lo que grupos secretos empezaron a oponer resistencia al gobierno alemán. Eran los grupos de «La Resistencia».

Winston Churchill y los británicos decidieron ayudar a la Resistencia francesa, creando el SOE (Ejecutor de Operaciones Especiales), un grupo tan secreto que nadie de fuera sabía siquiera que existía.

Para 1942, ya se habían convertido en agentes secretos de Francia que hacían lo imposible por ponérselo difícil a los alemanes. Mientras las mujeres soviéticas luchaban con tanques y en las trincheras, las mujeres del frente occidental no combatían en las grandes batallas, pero tuvieron un papel vital y valiente en la Resistencia.

Terribles traidores

En 1939, justo antes de la guerra, vivían en París tres amigos: un inglés, un francés y un alemán.

El alemán era un nazi de 50 años. Fingía ser un policía de vacaciones, pero en realidad estaba allí para buscar personas dispuestas a ser espías para Alemania cuando empezara la guerra.

El inglés tenía 30 años. Había ido a una escuela privada y se había convertido en periodista, pero en realidad quería ser un espía. Cuando intentó entrar a formar parte del servicio de Inteligencia Militar Británico 6 (MI6) no fue admitido.

Por último, el francés, que tenía 28 años, era un piloto brillante que había practicado la acrobacia aérea y también había sido piloto para una compañía aérea.

La guerra estalló y se fueron a sus países respectivos (pero durante la guerra, se encontraron de nuevo, en secreto, en París).

Pronto Alemania ocupó Francia y el alemán volvió a Francia, esta vez para atrapar espías.

El inglés tuvo trabajo en el SOE y su misión era enviar espías a Francia, pero no habló a nadie de su amigo, el cazaespías alemán.

Y el francés fue a Inglaterra y se ofreció para trabajar para el SOE, transportando en avión a los espías fuera y dentro de Francia. Admitió que tenía un amigo que era un cazaespías alemán, pero aseguró que sería de gran ayuda para esquivar los alemanes.

¿Qué harías TÚ con el francés? ¿Darle trabajo o lo encerrarías? El SOE lo dio un trabajo, pero no olvidemos que su amigo inglés ocupaba un alto cargo dentro del organismo.

¿Qué sucedió? El SOE introdujo espías y material durante un año, hasta que, de repente, los alemanes aparecieron y detuvieron a todos los agentes del SOE, 1500 en total. Habían sido traicionados.

La mayoría de esos 1500 valerosos agentes murieron después de haber sido torturados. Pero ¿quién los había delatado? ¿Podía haber sido el francés? Fue juzgado después de la guerra para que se explicase y tal vez lo hubiesen declarado culpable si alguien no hubiese salido en su defensa: ¡el inglés!

El francés fue puesto en libertad; al inglés le dieron la medalla de la Orden del Imperio Británico y a los valientes combatientes de la Resistencia los llevaron ante un pelotón de fusilamiento.

Terror para los traidores

Alemania invadió varios países y en todos ellos encontró personas dispuestas a ayudarlos: eran los «colaboracionistas», pero no todos salieron impunes como los traidores del ejemplo anterior.

En Polonia, un miembro de la Resistencia describió lo que hacían a un colaboracionista.

Un hombre que nos delató vivía en el pueblo de Srednie Lany. Indicamos su nombre para ejecutarlo. Fuimos a su casa de noche, lo atamos y le obligamos a darnos los nombres de otros delatores nazis de los pueblos de los alrededores. También le pedimos los nombres de las personas a las que había traicionado. Después, llamamos a todos los aldeanos, leímos en voz alta la sentencia de muerte y la ejecutamos allí mismo. Para proteger a los aldeanos de la venganza nazi, dejé una nota que ponía: «Esto es lo que le sucederá a todo aquel que colabore con los alemanes.»

Los alemanes no caían bien en Polonia. Se llevaban la mejor comida y la población del país ocupado pasaba hambre, por lo que toda ella se rebeló.

Un recaudador de impuestos polaco tenía que clavar etiquetas metálicas en las orejas de los cerdos, para dejar claro que eran de los alemanes. Unos miembros de la Resistencia distrajeron a los aldeanos atrapando al recaudador de impuestos y le clavaron las etiquetas en las orejas. ¡Qué brutos!

Las mujeres también fueron víctimas de actos de venganza. Una mujer francesa se enamoró de un soldado alemán. Cuando terminó la guerra, los aldeanos fueron a buscarla:

Cuando vinieron a buscarme, pensé que derribarían la puerta. Me llevaron sujeta por los codos a una calle, donde hombres y mujeres me retuvieron en el suelo. Tenían los rostros contraídos por el odio y me llamaban traidora. Luego alguien me agarró por el pelo y me lo cortó con unas tijeras. Intenté ocultar mi miedo, pero casi me desmayé al ver el brillo de una hoja de afeitar. Con ella me afeitaron la cabeza, haciéndome daño. La multitud gritaba y aullaba. Me pintaron una cruz gamada en la cabeza con barro de un charco. Jamás me había sentido tan humillada.

Por supuesto, no solamente en Francia los traidores eran castigados por su propia gente. En Rusia, un miembro de la Resistencia escribió:

Disparamos a un traidor. Al anochecer fui a hacer lo mismo a su esposa. Lamentamos que dejáramos huérfanos a sus hijos, pero la guerra es la guerra.

Y un asesinato es un asesinato.

Mujeres combatientes

Los héroes y la heroínas de la Resistencia merecen por sí solos un libro. Éstos son algunos de los ejemplos de lo que hicieron algunas heroínas y de sus sufrimientos.

Nombre: Yvonne Cormeau

Nombre de guerra: Annette

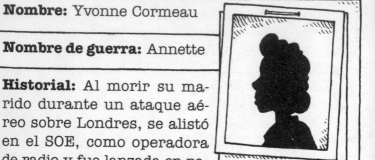

Historial: Al morir su marido durante un ataque aéreo sobre Londres, se alistó en el SOE, como operadora de radio y fue lanzada en paracaídas sobre Francia. Casi la atraparon cuando el agente «Rodolph» delató a su grupo. Fue herida de bala en la pierna mientras luchaba con la Resistencia. Viajó por Francia disfrazada de enfermera de distrito. En una ocasión, cuando los alemanes la detuvieron en un control y le examinaron la radio, les dijo que era su aparato de rayos X. Y ¡los guardias alemanes la creyeron!

Fin: Sobrevivió a la guerra.

Murió en enero de 1988, a la venerable edad de 88 años.

En el Museo Imperial de la Guerra (Imperial War Museum) de Londres, se puede ver su maleta y vestido manchados de sangre.

Nombre: Dianne Rowden

Nombre de guerra: Paulette

Historial: Era una chica inglesa que había vivido con sus padres en el sur de Francia y amaba ese país. Cuando los nazis invadieron Francia, tomó la decisión de ayudar a los franceses a recuperar la libertad.

En 1943 desembarcó en Francia, pero no sabía que unos traidores ya habían delatado al grupo de la Resistencia al que pertenecía. Fue seguida desde el momento en que desembarcó, por lo que cada vez que se veía con un contacto, sin saberlo, los estaba delatando. Un mes después, la Gestapo la detuvo y la torturó, pero ella se negó a hablar.

Fin: En mayo de 1944, los aliados estaban a punto de invadir Europa. A los nazis les preocupaba la posibilidad de que liberasen a Dianne y que ésta dijera a los británicos quiénes eran los traidores, por lo que la llevaron a un campo de concentración de Alemania. Un médico le dijo que le pondría una inyección contra el tifus, pero en realidad le inyectaron veneno. Su cadáver era una «prueba», por lo que lo destruyeron en un horno crematorio.

33

Nombre: Violette Szabo

Nombre de guerra: Louise

Historial: El marido de Violette murió mientras luchaba con las fuerzas de la Francia Libre en el norte de África. Ella decidió unirse a la Resistencia para vengarlo. Pero Violette no quería manejar la radio. Dijo que quería «luchar con un fusil en la mano».

En junio de 1944, cuando toparon con una patrulla alemana, su grupo huyó, pero Violette se había torcido un tobillo durante una práctica de paracaidismo. Resistió a los alemanes mientras sus compañeros huían, hasta que finalmente fue capturada.

Fin: Violette fue deportada al campo de concentración de Ravensbruck.

Creía que su nacionalidad británica la protegería, pero en febrero de 1945 la sacaron de su celda y le dispararon en la nuca.

Sobre esto escribió un libro: *Carve Her Name With Pride* («Grabad su nombre con orgullo») y se rodó una película con el mismo título, en la que se cuenta su vida.

Nombre: Odette Sanson

Nombre de guerra: Celine

Historial: Viajó por toda la Francia de Vichy, llevando mensajes y códigos para el jefe de su grupo, Peter Churchill. Cuando los atraparon, se inventó una osada mentira: que estaba casada con Peter y que eran parientes del Primer Ministro británico Winston Churchill. La torturaron para que contara sus secretos. Primero le arrancaron las uñas de los pies una a una, pero se negó a hablar. Luego la encerraron en una celda subterránea vacía sin luz, con tan sólo una tabla para dormir. De pequeña había sido ciega, por lo que unas semanas en la oscuridad no la asustaron.

Fin: Cuando los alemanes fueron derrotados, la mentira de Odette sobre Churchill surtió efecto. A medida que los aliados se iban acercando a los campos de concentración, muchos agentes secretos fueron ejecutados para silenciarlos para siempre, pero Odette, no. El comandante del campo decidió llevarla ante las fuerzas aliadas personalmente, diciendo: «Esta mujer es pariente de vuestro Winston Churchill. Yo la salvé. Cuidad de ella». Sobrevivió y se hizo famosa por su valor gracias a un libro y una película sobre sus hazañas, titulados ambos *Odette*.

Los peligros de la Resistencia

Vivir en otro país implica algo más que simplemente aprender a hablar su idioma. Te puedes delatar de mil formas distintas.

Pifia 1 Una mujer inglesa, agente del SOE, fue enviada a Francia, donde se lanzó en paracaídas. Llegó sana y salva a una gran ciudad, pero cuando iba a cruzar la carretera miró a la derecha y casi la atropelló un camión que circulaba por su izquierda. Sencillamente había olvidado que los franceses tienen la manía de conducir por el otro lado de la carretera.

Por suerte, el camión la esquivó, pero lo malo fue que un oficial de la Gestapo lo vio todo, adivinó el secreto de la mujer y la detuvo.

Pifia 2 A «Anette» la destinaron a la región de Gascuña, Francia. Las mujeres del lugar tenían por costumbre lucir en público sus joyas. «Annette» llegó sin una joya y, por consiguiente, llamaba mucho la atención. Además, tuvo que aprender que los lugareños no sorbían la sopa por un lado de la cuchara y que las mujeres no daban unos pasos tan largos como los suyos al andar.

El error más grave fue que tenía que decir que era de la Francia ocupada, la del norte, y que se había trasladado a la Francia del sur, la de Vichy. Tendría que haber cruzado la frontera y que sellaran sus visados. En sus documentos falsos no había ningún sello. A pesar de todo, «Annette» logró sobrevivir.

Pifia 3 Los agentes secretos tenían que introducir grandes cantidades de dinero en Francia. El dinero tenía que servir para comprar armas y para que los grupos de la Resistencia pudieran comprar alimentos.

Los defensores de la libertad en los Balcanes sabían que los agentes británicos aterrizaban con dinero escondido en sus cinturones, por lo que a algunos los asesinaban en cuanto tocaban el suelo, diciéndoles: «Gracias por el dinero. ¡No te necesitamos!»

Un agente británico llamado Nigel Low tenía antecedentes penales por haber robado dinero a la empresa en la que trabajaba antes de la guerra. Luego lo formaron como agente, le dieron una gran cantidad de dinero y lo lanzaron en paracaídas sobre Francia. Él se limitó a huir con el dinero y no lo volvieron a ver jamás. Lo contrario del caso anterior:

GRACIAS POR EL DINERO. ¡NO OS NECESITO!

El sufrimiento de los polacos

Cuando los nazis invadieron Polonia en 1939, sus amigos (del momento), los soviéticos, entraron por el este y se apoderaron de zonas de Polonia que 20 años antes habían pertenecido a Rusia.

Los soviéticos no querían que el Ejército polaco se rehiciera, por lo que en abril y mayo de 1940...

- llevaron a todos los oficiales polacos al bosque de Katyn, donde habían cavado una enorme fosa entre los árboles,
- dispararon a los oficiales polacos en la nuca.
- y los arrojaron a la fosa, sepultándolos bajo diez capas de tierra.

A continuación, los soviéticos intentaron cubrir la fosa con árboles recién plantados y, en los senderos que conducían a la fosa, plantaron hierba. Sin embargo, tres años más tarde, unas tropas alemanas descubrieron la fosa común.

¿A quiénes echaron la culpa los soviéticos? Culparon a los nazis, que habían pasado por allí cuando invadieron Rusia.

NO FUI YO, COMANDANTE, ¡LO JURO!

¡Fuera problemas!

Los soviéticos también encarcelaron a sus enemigos dentro de Polonia. Cualquiera que se relacionara con el mundo exterior era un enemigo. Por tanto, todos los coleccionistas de sellos de la zona fueron capturados y eliminados.

Cuando más tarde invadieron Letonia, según sus informes, dispararon a una mujer porque...

... la atraparon cantando una canción popular letona.

Mientras tanto, los alemanes fusilaban a cualquier campesino ruso que supiera leer y escribir. Decían: «Cualquiera que sea capaz de leer y escribir, es lo suficiente listo para causar problemas.»

Los oficiales de las cárceles soviéticas de Letonia eran extremadamente brutales. Todos los prisioneros que caían en sus manos eran torturados, pero no eran torturadores tan sofisticados y organizados como los nazis. Los carceleros soviéticos...

- golpeaban a los prisioneros con barrotes de las verjas,
- les aplastaban los dedos con las puertas de las celdas,
- y les colocaban libros delgados sobre la cabeza, golpeándolos con martillos (porque querían hacerles daño rompiéndoles el cráneo, pero sin llegar a matarlos).

A un pobre prisionero le envolvieron en papel sus partes pudendas y luego les prendieron fuego.

Familias enteras de polacos, letones, lituanos y estonios fueron llevados a campos de prisioneros soviéticos en Siberia. Las condiciones de los trenes que los llevaban eran tan malas que, cuando se detenían en una estación, tenían que arrojar los muertos al andén.

Cuando llegaban a Siberia, la cosa era todavía peor. Bajo temperaturas inferiores a los 40 °C bajo cero, tenían que vivir en agujeros practicados en el suelo o en barracas construidas con paja y ramas. Los hombres, las mujeres y los niños que sobrevivían al frío morían agotados por el trabajo.

Cuando sus «amigos» alemanes invadieron Rusia en el verano de 1941, los carceleros soviéticos eliminaron a sus prisioneros en Polonia con increíble crueldad. Arrojaron cartuchos de dinamita en celdas llenas de prisioneros. En otra celda se encontraron diseminados por el suelo los ojos, las orejas y las lenguas de los prisioneros muertos.

Los soviéticos eran tan salvajes como sus nuevos enemigos, los nazis.

Vencedores y vencidos

Durante el primer año de la Segunda Guerra Mundial, las personas que no se hallaban en las zonas de guerra apenas sufrieron los duros efectos de la guerra, pero cuanto más duraba la contienda, más difícil, peligrosa y mortal resultaba, tanto si uno estaba en Munich, Manchester, Milán o Moscú.

Hubo ganadores y vencidos, como en tiempos de paz.

Los vencedores de la guerra...

1 Coca-Cola A la empresa Coca-Cola le fue bien la guerra. Los soldados norteamericanos pagaban cinco centavos por una botella. La empresa controlaba el 95% del mercado de refrescos de ultramar. Durante la guerra, los soldados norteamericanos bebieron diez mil millones de botellines. En 1939, Coca-Cola tenía tan sólo cinco plantas embotelladoras en ultramar. En 1945, tenía 64. ¿Por qué se hizo tan popular? Porque el agua era asquerosa. Para mantenerla limpia, el ejército le añadía cloro, por lo que sabía como la piscina del barrio. A veces transportaban el agua en viejos tanques de gasolina o en bidones de aceite para mejorar el sabor. Su café instantáneo era horrible, el zumo de frutas era conocido como «ácido para baterías» y los «cristales de limonada» servían para hacer una bebida que sabía a desinfectante. El alcohol estaba prohibido en el ejército estadounidense; la tripulación de un tanque se apoderó de las reservas de champán del enemigo y casi arrolló un jeep en el que iba su general.

2 Fabricantes de cigarrillos Las personas que iban al cine fumaban mucho en la década de los cuarenta. El propietario de un cine recorría la sala y recogía las colillas del suelo y elaboraba con ellas nuevos cigarrillos. Les puso el nombre de «RAF», tal vez porque eran «Repugnantes, Asquerosos y Flojos». El fabricante fue encarcelado por la fabricación ilegal de esos hierbajos, pero sus cigarrillos todavía circulaban por el frente, así que alguien estuvo «ganando mucha pasta» durante la guerra.

3 Mercado negro Cuando los alimentos escaseaban, muchas veces servían de dinero. Intercambiar alimentos sin las cartillas de racionamiento era ilegal. A los que practicaban el comercio ilegal se les llamaba «estraperlistas» y, en Alemania, si los descubrían, podían ser fusilados.

En 1944, se sospechó que tres ministros nazis eran estraperlistas. Se abrió una investigación, pero el jefe de la policía de Berlín, buen amigo de los tres ministros estraperlista, se encargó del caso. ¿Tú qué crees? ¿Fueron detenidos, juzgados y castigados? ¡No seas ingenuo! ¡Por supuesto que no!

Un camarero berlinés tenía un negocio en el «mercado negro»: conseguía artículos para la gente cuando estaban muy racionados y escaseaban, como gasolina, perfumes, alimentos y bebidas. Este hombre ganaba tanto dinero que pudo retirarse a una gran hacienda en el campo. Era rico, pero había corrido muchos riesgos, ya que incluso a los que buscaban entre los restos de los bombardeos objetos de valor los castigaban sin piedad.

4 La industria química alemana Al inicio de la guerra, una empresa de productos químicos alemana llamada IG Farben era la mayor del mundo, pero había logrado su éxito a base de estafar a sus empleados. Mientras en el resto del mundo los obreros recibían un salario, la IG Farben utilizaba esclavos. Los campos de concentración estaban llenos a rebosar de prisioneros. La IG Farben pagaba a los nazis cinco marcos del III Reich al día por cada prisionero que utilizaba: el prisionero, naturalmente, no ganaba nada, sólo trabajaba como un esclavo. Los gerentes de las fábricas discutían con los directores de los campos de concentración:

¡VOSOTROS TENÉIS QUE ALIMENTAR A LOS ESCLAVOS!

Naturalmente, el resultado fue que nadie alimentaba a los prisioneros como era debido y morían rápidamente.

Cuando los prisioneros caían muertos exhaustos, eran sustituidos por nuevos prisioneros. Los nazis levantaron un campo de trabajos forzados en Auschwitz, donde los prisioneros trabajaban para la fábrica de caucho artificial de la IG Farben. Los alimentaban con sopa de nabos y pan lleno de serrín. Por término medio, tan sólo sobrevivían tres meses.

Algunos prisioneros corrieron peor suerte que la esclavitud y el hambre. Los científicos y los médicos los utilizaban para sus espeluznantes experimentos con nuevas drogas, sustancias químicas y cirugía. En Auschwitz, el doctor Josef Mengele estaba obsesionado con los mellizos y, en una ocasión, cosió a dos niños gitanos para crear gemelos siameses.

En 1942, dos prisioneros pudieron fugarse de Auschwitz y denunciaron los campos de la muerte ante los aliados. «Por favor, aplastadlos con vuestros bombardeos», imploraron. Sin embargo, los aliados decidieron que era un riesgo muy grande para sus pilotos y tripulaciones. Y las muertes se sucedieron.

... y los vencidos de la guerra

1 Los carteros vieneses Las familias austríacas intentaban animar a sus soldados enviándoles chocolate y jabón, pero el ejército no siempre podía entregarles estos productos y los enviaba por correo. El chocolate y el jabón escaseaban y tenían mucho valor, por lo que un grupo de 17 carteros empezaron a abrir los paquetes para robar su contenido y venderlo. A los encargados de hacer cumplir la ley esto no les gustó en absoluto. Llevaron a los carteros a la plaza principal de Viena y fueron fusilados en público para que todos pudiesen ver lo que les sucedía a unos despreciables ladrones. Así es la vida, no somos nada.

2 Una familia berlinesa Uno de los grandes vencidos fue una familia berlinesa. ¡Perdieron a su abuelo! Así fue como sucedió:

Así que ya lo sabes: ¡Envolver a los cadáveres en alfombras es un error!

3 Los oyentes alemanes de emisoras enemigas Durante la guerra, en Alemania era ilegal escuchar emisoras de radio extranjeras. Castigaban a todo aquel que fuera sorprendido escuchando una radio. ¡Qué ley tan tonta! ¿Cómo podía saber la policía qué es lo que escucha uno en el salón de su casa?

Pues sí, porque, de hecho, había pequeños espías en los hogares alemanes. A los jóvenes que pertenecían a las Juventudes Hitlerianas, les decían que debían denunciar a sus padres, si escuchaban las emisiones del enemigo.

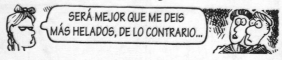

Muchos miembros de las Juventudes Hitlerianas lo hicieron. Un bailarín de ballet austríaco permaneció en la cárcel durante tres años después de que su hija lo denunciara.

¿Serías capaz de delatar a tus pobres padres? No, mejor será que no respondas.

No eran tan sólo los niños los que traicionaban a su familia. Una mujer dijo a la Gestapo que escucharan bajo la ventana de su casa mientras su marido criticaba a Hitler. Al pobre hombre le cayeron cuatro años de cárcel. Era más barato que un divorcio.

Y la gratitud brillaba por su ausencia...

Pero denunciar a los demás era un juego peligroso. Un ferroviario mintió acerca de una vecina y se demostró que había mentido. Fue fusilado.

4 La población de Leningrado En el invierno de 1941-1942, los alemanes sitiaron la ciudad soviética de Leningrado. Hitler decidió no malgastar soldados alemanes entrando en una ciudad minada y llena de trampas explosivas. En su lugar, recurrió a la antigua táctica del «asedio». Así que los alemanes rodearon la ciudad, la bombardearon cada día y esperaron a que los rusos de la ciudad murieran de hambre o de frío. Muchos de ellos perecieron.

En enero de 1942, un médico de Leningrado visitó a una familia. Así describió lo que vio:

Mis ojos presenciaron una horrible escena. En una habitación oscura, cubierta de escarcha y charcos de agua en el suelo, tendido sobre varias sillas, estaba el cadáver de un niño de 14 años. En un cochecito había el cuerpo de un bebé diminuto. En la cama yacía, muerta, la propietaria de la habitación. A su lado estaba la mayor de las hijas, frotándola con una toalla, intentando revivirla. En un día había perdido a su bebé, a su hermano y a su madre, que habían fallecido de hambre y de frío.

Es una verdad horripilante, pero no sorprendente, que algunas de las personas hambrientas de Leningrado arrancaron los brazos y las piernas de los cadáveres para comérselos. El canibalismo fue el único modo que algunos encontraron para sobrevivir.

Sin embargo, el crudo invierno también perjudicó a los atacantes alemanes. Con el tiempo, se vieron obligados a retroceder y fueron derrotados. Después de todo, puede que la población hambrienta de Leningrado fuera la vencedora.

La furia del fuego

En una guerra, uno tiene que creer que está luchando al lado de los buenos. Cuando estalló la Segunda Guerra Mundial, el 3 de setiembre de 1939, el Primer Ministro británico Neville Chamberlain dijo a su pueblo:

> *Lucharemos contra los grandes males: la fuerza bruta, la mala fe, la injusticia, la opresión y la persecución.*

En EEUU, en 1942, se difundió un cartel del campeón de boxeo Joe Louis con un rifle y uniforme abrochado, diciendo:

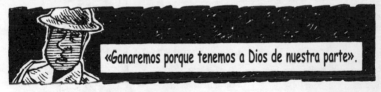

«Ganaremos porque tenemos a Dios de nuestra parte».

La verdad es que el otro bando decía exactamente lo mismo, y Dios normalmente no se pone de parte de nadie.

La guerra es terrible, pero la Segunda Guerra Mundial fue especialmente espantosa porque millones de *civiles inocentes* murieron y sus ciudades fueron bombardeadas a muchos kilómetros de distancia del frente. A continuación, te presentamos diez hechos espeluznantes sobre un ataque aéreo, en el que el enemigo destruía una ciudad sin compasión.

Sólo un dato es falso. ¿Cuál?

Londres, 13 de febrero de 1945

1 Era martes de carnaval, un día para que los niños se olvidaran de la guerra, se pusieran alegres disfraces y salieran a desfilar por las calles de la ciudad. El circo actuaba para miles de familias felices y nada presagiaba lo que iba a suceder.

47

2 Primero llegaron los aviones de reconocimiento. Localizaron la ciudad y arrojaron bombas trazadoras que quedaron suspendidas a 200 metros por encima del centro de la ciudad, indicando la posición a los bombarderos. Los cazas de la defensa aérea despegaron para abatirlos, pero los asustados artilleros derribaron desde tierra a sus propios aviones. La gente, al ver las llamaradas, corrieron a refugiarse en los sótanos, a pesar de que no sonaba ninguna alarma de bombardeo.

3 Al comenzar el último número, los payasos entraron en la pista montados en burros. Fue entonces cuando sonó la alarma.

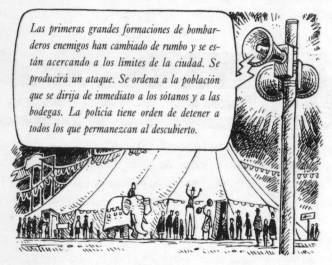

Las primeras grandes formaciones de bombarderos enemigos han cambiado de rumbo y se están acercando a los límites de la ciudad. Se producirá un ataque. Se ordena a la población que se dirija de inmediato a los sótanos y a las bodegas. La policía tiene orden de detener a todos los que permanezcan al descubierto.

4 A las 10.13 de la noche, cayeron las primeras bombas. Eran explosivos de alto poder demoledor que derribaban edificios y dejaban atrapados a los ciudadanos en sus refugios subterráneos, pero lo peor no había sucedido todavía. Los incendios eran cada vez más intensos, absorbían más aire y los vientos soplaban con más fuerza. Era el efecto de las tormentas de fuego que pretendían los bombarderos. Un torbellino de llamas arrancaba árboles y engullía a las personas hacia el centro del fuego.

5 La siguiente oleada de bombarderos llegó a la 1.30 de la madrugada. Lanzaron bombas incendiarias que diseminaban un líquido inflamable por toda la ciudad, para convertirla en una inmensa hoguera. No les costó localizar la ciudad. Divisaron los incendios provocados por la primera oleada a una distancia de trescientos kilómetros. Esta vez, los cazas locales no despegaron. Nadie sabe el porqué; hay quienes piensan que la comunicación con su aeródromo quedó cortada. Los bombarderos dominaban los cielos y pudieron arrojar sus letales bombas incendiarias donde quisieron. De los 1400 aviones enemigos que sobrevolaron la ciudad aquella noche, tan sólo seis no regresaron. Cuando la carpa del circo se derrumbó envuelta en llamas, los caballos árabes, asustados, formaron un círculo. Sus ornamentos brillantes destacaron, centelleantes, bajo la luz de los incendios.

6 Amaneció un miércoles. Era el Miércoles de Ceniza. Los supervivientes, arrastrándose por el suelo, salieron de entre los escombros del centro de la ciudad. Una nube de casi cinco kilómetros de un humo pardo amarillento planeaba por encima de la ciudad, arrastrando los escombros chamuscados que caían sobre el campo de prisioneros de guerra, situado a unos 25 km de distancia. Una tercera oleada de bombarderos llegó para diseminar la muerte durante otros 11 minutos. Los cazas enemigos de largo alcance volaban bajo y ametrallaban a cualquier persona que se moviera. Un avión ametralló a un coro de niños.

7 Algunas de las personas de los sótanos agujerearon las paredes que unían su casa con la de los vecinos. Cuando la salida a la calle quedaba bloqueada, derribaban las paredes de las casa hasta que podían salir, pero el humo de los incendios avanzaba y los asfixiaba. Un oficial del ejército, que estaba de permiso, vio a sesenta personas encerradas en un sótano, con la salida atrancada por el fuego. Intentó ayudarlos.

Todos los que no siguieron su consejo murieron.

EMPAPEN SUS ABRIGOS CON EL AGUA DE LOS CUBOS CONTRAINCENDIOS, CÚBRANSE LA CABEZA CON ELLOS Y HUYAN.

¡DE NINGUNA MANERA ESTROPEARÉ MI MEJOR ABRIGO DE PIELES!

8 Uno de los principales objetivos había sido la estación. Aquella mañana los cuerpos fueron amontonados en una pila enorme. Muchos todavía llevaban puestos los llamativos disfraces, pero la estación no había quedado destruida. Al día siguiente los trenes circularon de nuevo. Así pues, decenas de miles de personas habían muerto y el enemigo había ganado muy poco.

9 Entonces comenzó la tarea de contar las pérdidas. Durante una semana después del bombardeo, la ciudad permaneció llena de cadáveres sin enterrar. Dispusieron los cuerpos en fila sobre las aceras para su identificación. A los que trabajaban en el rescate les daban cigarrillos y coñac para hacer más soportable el hedor. Sacaron a los prisioneros de guerra para colaborar en las tareas de rescate, pero los ciudadanos los atacaron. Tenían que descargar sus iras en alguien.

10 Los cadáveres fueron enterrados en fosas comunes, pero no había ataúdes ni sábanas. A muchos simplemente los envolvieron en periódicos; a otros, en bolsas de papel vacías. El recuento de cadáveres fue una tarea ímproba. Según algunas estimaciones, la cifra se elevaba hasta 135 000.

Respuesta: Terrible pero cierto. El único dato «falso» es la primera palabra del título. Porque la ciudad no era Londres, destruida por los monstruos nazis, sino Dresde, en Alemania, bombardeada por la RAF durante la noche y las Fuerzas Aéreas de Estados Unidos durante el día, con Dios de su parte, por supuesto.

Una espantosa lucha

La mayoría de combatientes de la Segunda Guerra Mundial no eligieron ser soldados. Eran personas normales, como tus padres o profesores (algunos profesores son bastante normales). Se alistaron en el ejército y, por consiguiente, podían ordenarles cosas que jamás habrían soñado en su vida cotidiana. No solamente matar a desconocidos, sino matarlos de forma cruel.

Disparando a desconocidos

En tiempos de guerra, a veces a uno le podían ordenar hacer cosas terribles. El problema es que puedes pasarte el resto de tu vida con el peso de este terrible acto en tu conciencia. A continuación te presentamos un caso verdadero. Imagínate que esto te hubiese ocurrido a ti.

- Eres un soldado británico en Birmania, avanzando por la selva hacia el enemigo japonés.
- Tu patrulla captura a tres aldeanos birmanos y un muchacho de diez años, los cuales, casi con toda seguridad, son espías al servicio de los japoneses.

- Si los sueltas, delatarán vuestra situación al enemigo y las vidas de tus compañeros estarán en peligro.

- El oficial decide que los birmanos deben ser fusilados y te elige a ti para formar parte del pelotón de fusilamiento.

¿Qué haces?

a) Te niegas y le pides a otro si quiere disparar por ti.

b) Aceptas disparar a los hombres, pero pides que dejen al muchacho con vida.

c) Obedeces. Disparas a los tres hombres y al muchacho.

La elección

De hecho, no tienes elección.

Si te niegas como en **a)**, el oficial podría ordenar que te fusilaran y los cuatro espías morirían de todas formas.

El soldado de este caso real eligió **b)** y pidió al oficial que dejara al muchacho con vida. El oficial le explicó que si el muchacho huía, los delataría y todos podrían morir. El muchacho tendría que ser vigilado las 24 horas del día y esto sería difícil.

El soldado fue obligado a elegir **c)** y obedecer. La pesadilla de la matanza le acompañó durante 50 años después de que sucediera. El soldado contó:

El muchacho no quiso que le vendáramos los ojos. Como fue el segundo en ser ejecutado, ya había visto cómo disparábamos a su compañero. Cuando llegó su turno, estaba muy asustado. Al dispararle de tan cerca, su cuerpo quedó destrozado. Es algo que jamás he podido olvidar.

Esto es la guerra. Afecta tanto a los supervivientes como a las víctimas. Muchos soldados supervivientes no han olvidado sucesos tan horribles como éste.

Test rápido

Combatir no es una aventura tan limpia y ordenada como parece en muchos filmes de guerra. El combate puede ser una experiencia muy desagradable. ¿Hasta qué punto? Prueba a acertar las respuestas a las siguientes preguntas:

1 El Ejército británico se dirigió a Italia en barco, pero muchos se marearon. ¿Dónde vomitaban?

a) Por un costado del barco.

b) En bolsas de papel que, al mojarse, se reventaban.

c) Compartían un bidón de petróleo que se llenaba sin cesar.

> EL BIDÓN GRANDE ESTABA LLENO, PERO POR SUERTE SE HA VOLCADO Y AHORA VUELVE A ESTAR VACÍO.

2 En la isla de Guam, en el Pacífico, hubo unos «vencedores» muy poco comunes en la batalla entre los defensores japoneses y los atacantes norteamericanos. ¿Cuáles?

a) Las ranas.

b) Las moscas.

c) Los tiburones.

> ¿LO SABES AQUÉL DE LA RANA MORIBUNDA?
> ¿QUÉ CANTÓ POR ÚLTIMA VEZ?
> ¡PREFIERO CHISTES DE TIBURONES!

3 Los británicos lucharon contra los japoneses en Kohima, India, y se refugiaron en trincheras. ¿Qué utilizaron para protegerse?

a) Soldados japoneses muertos.

b) Caballos muertos.

c) Cajas llenas de biblias.

> ¡UNA BIBLIA!

4 Los paracaidistas norteamericanos iban mejor pertrechados que los británicos porque:

a) Llevaban muelles en los tacones de sus botas para amortiguar el impacto al caer.

b) Tenían dos paracaídas.

c) Eran más gordos y la grasa les protegía de los golpes al caer.

5 Los alemanes eligieron a no fumadores para patrullar contra los soviéticos en 1941. ¿Por qué?

a) Porque los no fumadores tienen un mejor sentido del olfato, por lo que podían oler al enemigo.

b) Porque los fumadores delataban su posición al encender las cerillas y por el humo.

c) Porque a los fumadores les entraba humo en los ojos y no acertaban el tiro.

6 Los soldados alemanes necesitaban buenas botas para el invierno ruso. Tras matar a 73 soldados soviéticos, su comandante les ordenó que les sacaran las botas, pero las botas se habían congelado en los pies de los soviéticos. ¿Cuál fue la orden del comandante?

a) «Dejadlas».

b) «Empapadlas con gasolina y prendedles fuego para que el hielo se derrita».

c) «Serrad las piernas».

7 Un comandante italiano del norte de África murió antes de poder hacerse cargo de sus tropas. ¿Cómo?

a) Se cayó de un camello y se rompió el cuello.

b) Su avión fue derribado por su propio ejército.

c) Un escorpión le picó en el trasero mientras estaba durmiendo.

54

8 ¿Por qué un torturador nazi de París trabajaba con tan sólo los calzoncillos puestos?

a) Porque temía que la tortura del agua le estropease la ropa.

b) Porque los atizadores al rojo vivo le habían quemado los pantalones.

c) Porque la Gestapo lo sacó de la cama para que interrogara a un sospechoso y no había tenido tiempo de vestirse.

Respuestas:

1c) A los soldados les obligaban a estar debajo de la cubierta para que no pudieran vomitar por el costado de la embarcación, como lo hace tu padre cuando viaja en autocar. Durante el día, tenían las escotillas abiertas, pero por la noche se cerraban y el ambiente era asfixiante y muchos hombres se mareaban. Compartían un gran bidón de petróleo. Mientras el barco se deslizaba por encima de las olas, los vómitos chapoteaban ruidosamente en el bidón, chaf, chaf, chaf. (Espero que no estés leyendo esto después de haber tomado el delicioso almuerzo de la escuela.) Cuando las tropas aliadas cruzaron el Canal de la Mancha para invadir Francia, a los soldados norteamericanos les dieron pastillas contra el mareo (a los británicos bolsas de papel). Un comandante dijo:

> *El desembarco fue un éxito porque los hombres preferían enfrentarse a las balas alemanas a tener que volver a los botes y volverse a marear.*

2b) Los defensores no podían enterrar tantos cadáveres de japoneses en descomposición, que eran un festín para las moscas. En Guam, había miles de ranas, que normalmente se alimentan de moscas, pero las ranas no daban abasto. Las moscas habían invadido la isla. Las tropas norteamericanas desembarcaron y se aplicaron un fuerte repelente para moscas. Lograron alejarlas, pero desprendía un olor tan fuerte que los japoneses detectaban rápidamente las posiciones aliadas en la oscuridad. Los norteamericanos podían elegir entre ser devorados por las moscas o muertos por una bala enemiga.

3a) Un oficial escribió:

> *El lugar apestaba. El suelo estaba plagado de cráteres y los restos humanos se estaban descomponiendo mientras la guerra seguía con furor. Los hombres vomitaban mientras cavaban. En algunas de las trincheras, se usaron los cadáveres descompuestos de los japoneses como protección. Era casi imposible cavar en cualquier sitio sin dejar al descubierto una tumba o una letrina.*

4b) Los soldados norteamericanos se lanzaban desde sus aviones sabiendo que, si el paracaídas principal no se abría, tenían otro de reserva. Los británicos sabían que, si sus paracaídas fallaban, se estampaban contra el suelo igual que un flan. Una canción popular entre los paracaidistas describía con humor cómo falló un paracaídas. Con la melodía de una famosa canción, decían:

> *Al caer al suelo, hizo «plaf» y un chorro de sangre salió.*
> *«¡Oh! ¡Qué forma tan bella de morir» Sus amigos*
> *dijeron:*
> *Las botas le quitaron y en su paracaídas lo*
> *envolvieron,*
> *el pobre soldado por última vez saltó.*

El Ejército británico decía que un segundo paracaídas ocuparía demasiado espacio. La verdad era que un segundo paracaídas de seda costaría otras 20 libras y el Ejército no podía permitírselo, así que la vida de un paracaidista británico valía menos de 20 libras.

5a) Los soldados soviéticos eran unos campesinos expertos en esconderse en las llanuras cubiertas de nieve, pero apestaban de lo lindo. Un alemán de olfato fino podía detectar a un grupo de soldados soviéticos antes de verlos y tenía más posibilidades de liquidarlos. Los soviéticos olían a tabaco barato y a sudor. También desprendían el olor del perfume barato que usaban para matar los piojos y, si éste llegaba al olfato de un alemán, también era mortal para el soldado soviético. Por cierto, Hitler odiaba el tabaco y los científicos nazis demostraron que fumar provoca el cáncer 20 años antes de que se hablara del tema. Si los nazis hubiesen compartido sus conocimientos con el mundo, podrían haber salvado millones de vidas, ¡todo lo contrario de lo que hicieron!

6c) Los soldados italianos que luchaban junto a los alemanes durante el invierno ruso llevaban botas de cartón. Las botas alemanas no eran mejores y cogían las botas del ejército ruso siempre que podían hacerlo. Cuando encontraban botas pegadas a los pies congelados de los soviéticos muertos, los oficiales les ordenaban que serraran las piernas por debajo de las rodillas. Llevaban las piernas al campamento, las metían en un horno durante diez minutos y así podían sacarles las botas.

7b) El mariscal Balbo voló de Italia a Libia, pero, sin querer, los cañones antiaéreos italianos derribaron su avión y lo mataron. Los italianos no se lo pasaron en grande en la guerra del desierto del Sáhara, en el norte de África. En setiembre de 1940 se pusieron en marcha con sus tanques para atacar a los británicos. Desgraciadamente, se perdieron y dieron una gran vuelta hasta que se les terminó el agua y la gasolina. Cuando por fin se encontraron frente a frente con las tropas británicas, muchos soldados italianos se asustaron y huyeron. Su jefe, el general Bergonzoli, «Barba Eléctrica» (así le llamaban, ¡palabra!), les obligó a volver al campo de batalla. A principios de diciembre fueron derrotados. Los británicos se sorprendieron al ver que los italianos estaban dispuestos a que los hicieran prisioneros y que muchos de ellos ya tuviesen la maleta hecha, listos para que los llevaran a la cárcel. Barba Eléctrica sufrió un colapso.

¿SABES UNA COSA, COMPAÑERO? EN ESTA GUERRA OCURRE ALGO MUY RARO.

8a) Una operadora de radio de la Resistencia francesa llamada Didi Nearne fue detenida en 1944 por los nazis, quienes se la llevaron para interrogarla. Como se negó a darles la información que querían, la torturaron. La sumergieron en un baño de agua fría, sujetándole la cabeza por debajo de la superficie hasta que empezaba a ahogarse. Entonces la levantaban y la interrogaban. El torturador iba desnudo para no mojarse, pero no se había quitado los calzoncillos porque le daba vergüenza que Didi le viera ya sabes qué. Pese a la tortura, no traicionó a su grupo. Su perverso torturador nazi le preguntó: «¿Te ha gustado el baño?» Ella tuvo el valor de responderle con una sonrisa irónica, diciendo: «¡Muchísimo!» Didi sobrevivió.

Alimentos insólitos

Una forma de ganar una guerra es haciendo pasar hambre al enemigo hasta que éste se rinda. Sólo hay que cortar los suministros de alimentos. Naturalmente, el enemigo intentará hacerte a ti y a los tuyos lo mismo.

Gran Bretaña tuvo que importar muchos de sus alimentos del continente, por lo que los alemanes enviaron submarinos para hundir los barcos cargados de alimentos. Los británicos sufrían, pero la población alemana todavía sufrió peores penurias que la británica.

Si no puedes comer lo que quieres, come lo que encuentres. El Ejército de Estados Unidos repartió entre sus soldados un libro en el que les aconsejaban lo siguiente:

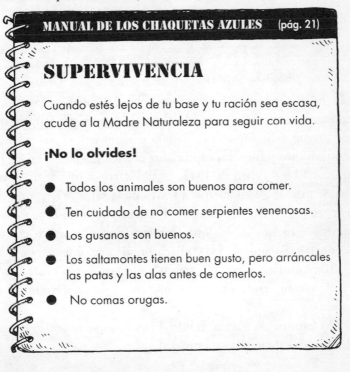

MANUAL DE LOS CHAQUETAS AZULES (pág. 21)

SUPERVIVENCIA

Cuando estés lejos de tu base y tu ración sea escasa, acude a la Madre Naturaleza para seguir con vida.

¡No lo olvides!

- Todos los animales son buenos para comer.
- Ten cuidado de no comer serpientes venenosas.
- Los gusanos son buenos.
- Los saltamontes tienen buen gusto, pero arráncales las patas y las alas antes de comerlos.
- No comas orugas.

¿Verdad que es apasionante la historia? El último de los consejos anteriores tiene más de sesenta años, pero todavía es útil hoy en día. La próxima vez que estés en un huerto y te entre un poco de hambre, acuérdate que *no debes comer orugas*. Si cavas un poco, podrás encontrar alguna suculenta lombriz.

¡APRESÚRATE, FINGE QUE ERES UNA ORUGA!

En Bataán, unos soldados estadounidenses hambrientos encontraron un alimento muy raro que no se encuentra en las hamburgueserías. Un oficial dijo:

Regresé del frente y me encontré con tres individuos que tenían un puchero en un fogón. Levanté la tapa del puchero y vi una manita descolorida, como la de un bebé. Era un mono.

MONO MONITO, BIEN GUISADITO.

¿Te habrías atrevido a comer un mono? Probablemente sí, si hubieses participado en la Marcha del Hambre de Bataán, que fue una marcha forzada de 70 000 prisioneros de guerra norteamericanos y filipinos capturados por los japoneses en las Filipinas. El 9 de abril de 1942, les obligaron a iniciar una marcha de más de 90 kilómetros a través de la selva. Tenían mucha hambre y, con frecuencia, les golpeaban y les pisoteaban por el camino. Muchos de los que se caían fueron muertos con las bayonetas. Solamente 54 000 llegaron al campamento, de 7 000 a 10 000 murieron por el camino y el resto huyó hacia la selva, donde tuvieron que comer monos, si no querían morir de hambre.

Al terminar la guerra, el oficial japonés que organizó la marcha fue ejecutado por su crueldad.

Hambre de verdad

El diario más famoso de la Segunda Guerra Mundial fue escrito por Anna Frank, una niña judía que se escondió de los nazis. Pero no fue el único niño que escribió sobre sus sufrimientos.

Un muchacho holandés llamado Robert de Hoey estaba viviendo en Java con su familia cuando los japoneses invadieron la isla en 1942. Su padre fue enviado a un campo de prisioneros y él y su madre, a otro. Durante tres años, pasaron un hambre horrible, pero sobrevivieron. A continuación, te presentamos la traducción de un extracto del diario de Robert.

Primer día

Hemos llegado al campo y nos han dicho que esperásemos al comandante del campo. Nos han obligado a estar en posición de firmes en el campo de fútbol durante dos horas bajo un sol infernal. Los bebés lloraban, las personas se desmayaban, pero no podíamos sentarnos.

Día 73

Todo el tiempo estoy pensando en comida. ¿Cómo puedo evitarlo? Jugamos y dormimos y esto ayuda. Día tras día, las raciones van disminuyendo. Casi no te das cuenta, hasta que recuerdas cómo eran el primer día, cuando llegamos. Para la cena, normalmente nos dan sopa de verduras con arroz hervido. Para conseguir algo más, intentamos plantar verduras: zanahorias, cebollas, coles, tomates, pero tenemos que vigilarlas, porque los guardias intentan robárnoslas.

Día 236
Mamá dice que ya soy lo suficiente mayor para ayudar en las tareas domésticas. Me ha encargado que limpie el retrete. Con tanta diarrea y tantas personas que lo utilizan, está hecho un asco. En los bajos de las paredes hay pipí e incluso restos de caca, pero no me importa. Tengo mi fregona y me da la sensación de que hago un trabajo útil.

Día 377
Un día importante. Ha llegado un paquete de comida de la Cruz Roja. Es una buena noticia, porque nos comimos todos los perros y los gatos ya hace meses, y es imposible cazar ratas. La comida es tan escasa que ni las ratas salen. Hemos compartido una lata de fiambre de cerdo entre cinco personas. Me han tocado diez pasas, tres higos secos, un cigarrillo y un trozo de chocolate del tamaño de un sello. He cambiado mi cigarrillo por otras diez pasas.

Día 580

Es duro. Cada día veo a mis compañeros prisioneros con sus encías sangrando y los dientes rotos. Sólo nos quedan mechones de pelo y tenemos los estómagos hinchados por el hambre y las enfermedades. Algunos tienen forúnculos del tamaño de una pelota de pimpón y otros tienen llagas abiertas en las piernas que no cesan de supurar. Nadie tiene tela para hacer vendajes.

Día 701

Dicen que la guerra se está terminando. Unas mujeres valientes han entrado a escondidas piezas de una radio en el campo. Si las descubren, las matarán. Pero la noticia es que los americanos están derrotando a los japoneses. Cada día esperamos que esto termine. Ya no me acuerdo lo que era estar libre y comer lo suficiente.

Día 727 (último día)

Anoche corrió la noticia de que teníamos que reunirnos en el campo, pero no nos permiten salir cuando ya ha oscurecido. Nos dispararían.

No vi a ningún guardia, pero bajo la luz de la luna distinguí las puertas del campo de prisioneros abierta y oscilante. Ninguno de nosotros salió. No sabíamos a dónde ir. Pero esta mañana, han entrado unos oficiales ingleses. Cuando íbamos a inclinarnos ante ellos, como nos lo habían enseñado los guardias japoneses, los ingleses nos lo han impedido.

Tercer día de la liberación

Esta tarde mi padre ha cruzado la puerta del campo. Mamá me ha dicho que era él. Yo no lo había visto desde hacía tres años y medio. No lo he reconocido. Él a duras penas nos ha reconocido a mamá y a mí, pero ahora estamos juntos.

Ha terminado la pesadilla.

El juego de la guerra

Está muy bien leer acerca de la guerra en los libros de historia, resguardado y calentito en tu aula acogedora, con tu simpática profesora de historia ayudándote con las palabras complicadas, sentado incluso en una silla supercómoda. No tienes ni idea de lo que sufrieron muchas personas durante la guerra. Claro está que podrías ir al campamento militar más cercano, ponerte en la línea de fuego y ofrecerte para las prácticas de tiro, pero no esperes que te den una pistola para defenderte.

¿Quieres saber cómo era realmente la guerra? Un soldado estadounidense que luchó en la batalla de Guadalcanal en el Pacífico, bajo una lluvia torrencial, nos ha propuesto el siguiente juego:

Cava un hoyo en el jardín posterior de tu casa en un día de lluvia. Siéntate en el hoyo mientras el agua va subiendo hasta la altura de tus tobillos. Métete barro frío por el cuello de la camisa. Quédate allí sentado durante 48 horas, así no correrás el riesgo de dormirte. Imagínate que alguien está al acecho esperando una oportunidad para golpearte la cabeza o prender fuego a tu casa. Sal del hoyo, llena una maleta de piedras, levántala, agarra un fusil con la otra mano y anda por el camino más fangoso que encuentres. De vez en cuando cáete de bruces.

Mira a tu alrededor hasta que veas un toro. Intenta colarte por detrás del animal sin hacer ruido. Cuando te vea, echa a correr hacia el hoyo de tu jardín. Si repites esto cada tres días durante varios meses, empezarás a hacerte una idea.

Veo, veo

Hace miles de años que existen los espías, pero han sido muy útiles en tiempos de guerra. En la Tercera Guerra Mundial (prevista para el año 2023 cuando los marcianos nos invadan), te convendría estar preparado sabiendo un par de trucos de la Segunda Guerra Mundial.

Los cazaespías siempre estaban buscando mensajes secretos que se transmitían al enemigo. Los alemanes tenían una máquina extraordinariamente compleja llamada Enigma que elaboraba mensajes indescifrables, pero los británicos consiguieron una copia de la máquina y descifraron miles de mensajes secretos.

No siempre se precisan máquinas sofisticadas para conseguir cifrados complejos. Dos personas lograron engañar a los cazaespías con unas ideas muy sencillas. La próxima vez que tengas que enviar un mensaje secreto a un amigo, prueba uno de esos sistemas genuinos de la Segunda Guerra Mundial.

El código de la coma

Graham Hall, un sargento de la Fuerza Aérea escribía muy mal. Jamás utilizaba los signos de puntuación. En una ocasión hizo una broma a su esposa Vera, diciéndole: «Si alguna vez me hacen prisionero y te envío una carta con signos de puntuación, subraya la palabra siguiente, de este modo descubrirás un mensaje cifrado».

En junio de 1940 su bombardero fue abatido y la tripulación fue conducida a uno de los famosos campos de prisioneros de guerra para soldados de la aviación *(Stalag Luft)*, en el nordeste de Alemania. El sargento Hall se preguntó si su esposa recordaría su broma y quiso averiguarlo. Funcionó tan bien que el servicio secreto británico lo utilizó para enviar y recibir mensajes desde el campo: noticias sobre el armamento y el movimiento de las tropas alemanas, peticiones de ayuda para fugas y material.

Puedes probarlo. Éste es un ejemplo de cómo podía haber funcionado.

Querida Vera,

Estoy vivo y bien. Huida del avión muy peligrosa. Planeo celebrar mi cumpleaños, la noche después del accidente. 22 años supongo que lo recuerdas. Setiembre es un mes en que el jardín está precioso y lo echo de menos. Envía un abrazo a tía María, ma, pa y a mis amigos del pub. El dinero que les debo tendrá que esperar. El alemán es muy difícil.

Te quiere mucho,

Graham

Alguien tan listo como tú no necesitará que le descifremos el mensaje, ¿verdad?*

A los prisioneros de guerra les era permitido recibir paquetes y cartas de sus casas a través de la organización de la Cruz Roja. También recibían juegos como el Monopolio y el ajedrez para pasar el tiempo. Lo que los alemanes no sabían era que los juegos estaban trucados para enviar cosas en secreto, como mapas de seda en el tablero del Monopolio, lámparas de radio en las figuras de ajedrez y hojas de sierra escondidas dentro de un lápiz. Una baraja de cartas era un mapa de 52 piezas

Un limón muy útil

Uno de los grandes secretos de la guerra fueron los campos de concentración nazis. Incluso la población alemana creía que enviaban a los judíos a trabajar para la campaña nazi. Se les escondía la horrible verdad. Las cartas que salían del campo eran destruidas si insinuaban las terribles condiciones en que vivían los prisioneros.

Pero algunos de ellos lograron informar con astucia de la verdad usando el viejo truco de los espías: la tinta invisible.

Pruébalo tú mismo. Escribe una postal con un mensaje sencillo y luego añade un mensaje importante con tinta invisible.

* Para el lector perezoso, el mensaje dice: «Huida planeo la noche 22 setiembre. Envía mapa y el dinero alemán. Graham». Un fugitivo de un campo alemán necesitaría dinero de este país y un mapa para encontrar la costa.

¡Espía de Limón!

NECESITARÁS EL ZUMO DE UN LIMÓN, UN PINCEL DELGADO Y UNA HOJA DE PAPEL.

MOJA EL PINCEL CON EL ZUMO DE LIMÓN Y ESCRIBE TU MENSAJE. AÑADE MÁS ZUMO DE LIMÓN AL PINCEL DESPUÉS DE CADA LETRA.

DEJA QUE EL MENSAJE SE SEQUE Y ENVÍALO.

CUANDO TU AMIGO QUIERA LEER EL MENSAJE, TENDRÁ QUE PONERLO BOCA ABAJO EN EL HORNO (EL HORNO TIENE QUE ESTAR A 175°). DEBERÁ ESPERAR UNOS DIEZ MINUTOS.

FUNCIONA PORQUE EL CALOR DEL HORNO QUEMA EL ZUMO DE LIMÓN, PERO NO EL PAPEL. AL QUEMARSE, EL ZUMO DE LIMÓN SE VUELVE PARDO.

Los prisioneros de los campos de concentración probablemente no tendrían limones, por lo que usarían sudor, saliva u orina para la tinta invisible. No son tan saludables, tú pruébalo con zumo de limón.

Los prisioneros escribían mensajes secretos en postales para que fueran leídas y destruidas, pero algunas llegaron a su destino. En 1997, se expuso una de ellas. La postal llevaba el siguiente mensaje sencillo:

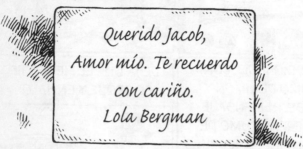

Querido Jacob,
Amor mío. Te recuerdo
con cariño.
Lola Bergman

Pero cuando se leyó el mensaje invisible, descubrieron un atisbo de la horrible verdad:

CAMPO DE LA MUERTE.
LO DEMÁS ES MENTIRA.
HAMBRE, CARNE DE
PERRO, GACHAS.
EPIDEMIAS. TORTURA.
CÁMARAS DE TORTURA.
HUMILLACIÓN. VIOLENCIA.
TERROR. MIEDO.
ASESINATOS CON GAS.
EJECUCIONES EN LA
HORCA. ASESINATOS.
CREMACIONES. UN
INFIERNO. OTTO

Se cree que «Otto» era Otto Hans, un austríaco que terminó en un campo de exterminio porque era contrario a Hitler.

Crueles represalias

No todos los alemanes eran nazis ni todos los nazis eran malvados, pero hubo momentos en la Segunda Guerra Mundial en que los nazis mostraron una perversidad jamás vista en la historia del mundo.

Uno de los motivos que les hizo actuar con tanta maldad fue la venganza. Si un nazi sufría algún daño, lo hacían pagar a cien personas inocentes para que sirviera de ejemplo al resto. A estos actos les llamaban «represalias». El 22 de marzo de 1941, un periódico británico publicaba la siguiente horripilante noticia:

The London Magazine

Atrocidad nazi en Polonia

Tras la muerte de un soldado alemán, han acorralado a cien hombres polacos, en su mayoría judíos, y los han paseado por las calles con las manos atadas en la nuca. Les han obligado a cavar sus propias tumbas y, para satisfacer la bárbara crueldad de los soldados, les han obligado a representar una «danza de la muerte» a punta de bayoneta como diversión. Los han ejecutado de varias formas: a unos les han disparado, a otros los han ahorcado y a otros los han atado a postes y los han lapidado.

Los nazis no descargaban su violencia solamente contra los judíos. En Checoslovaquia en 1942 sucedió algo de igual crueldad.

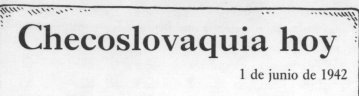

Checoslovaquia hoy

1 de junio de 1942

Matanza en Lidice

Reinhard Heydrich, secuaz de Hitler, ha muerto por una bomba de un defensor de la libertad en la capital checa, Praga, hace dos semanas.

Heydrich, asesinado

Ayer, las SS alemanas se vengaron de la pequeña aldea checa de Lidice.

Acorralaron a la mayor parte de sus 450 habitantes y mataron a disparos a 172 hombres. Siete mujeres murieron por los disparos cuando intentaban huir y al resto las deportarán al campo de concentración de Ravensbruck. A los 90 niños les darán nombres nuevos y serán enviados a Alemania para que crezcan como alemanes.

Hoy las SS dinamitarán la aldea y diseminarán los escombros para que no quede ningún resto.

De las mujeres deportadas al campo de concentración, 52 murieron en Ravensbruck, siete de ellas exterminadas en la cámara de gas.

Dos años más tarde, en un pueblo francés, ni siquiera las mujeres ni los niños se salvaron.

NOTICIARIO CLANDESTINO FRANCÉS

Ataque terrorífico en Oradour-sur-Glane

Por más que los nazis llamen a lo que hicieron en la pequeña aldea de Oradour actos de represalia, para el resto del mundo ha sido una masacre sangrienta. Las fuerzas alemanas asesinaron a todos los que encontraron en la aldea, un total de 642 personas.

Los nazis entraron en la aldea exigiendo ver los documentos de identidad y buscando explosivos. La reciente captura de un oficial de las SS por parte de los combatientes de la Resistencia francesa de la región enfureció a los alemanes. Según unos testigos, los alemanes encerraron a los hombres en los graneros y a las mujeres y niños en la iglesia.

Luego, empezó la matanza. Primero dispararon a los 190 hombres y después comenzaron a humear las granjas, incendiadas por los matones de las SS. Finalmente prendieron fuego a la iglesia; a las mujeres que intentaron huir las ametrallaron por las ventanas de la iglesia y las granadas arrojadas sobre las masas asustadas mataron a muchas más: 207 mujeres y niños murieron en total.

Diez afortunados lograron sobrevivir fingiendo estar muertos hasta que los miembros de las SS se fueron.

Al terminar la guerra, se inició una investigación para buscar a los nazis responsables. En 1953, veinte de ellos fueron declarados criminales de guerra en Oradour, de los que cinco fueron encarcelados y dos ejecutados.

La aldea abandonada ha permanecido en ruinas como monumento a las víctimas, con una única palabra en la entrada del pueblo: «Recordad».

Lo que todavía hace que esta tragedia sea más horrible es que los nazis se equivocaron de pueblo. Al oficial alemán lo habían matado en Oradour-sur-Vayres, al sur de Limoges. Los nazis exterminaron a la población de Oradour-sur-Glane, situada al norte de Limoges.

Pon a prueba a tu profe

Es sorprendente las cosas que no sabemos. Y los profesores, que probablemente ya vivían durante la Segunda Guerra Mundial, probablemente aún saben menos porque sus recuerdos han empezado a desvanecerse. (A las personas les suceden tres cosas cuando empiezan a envejecer. Primero pierden la memoria... y ya no me acuerdo de las otras dos.)

A lo que iba, si quieres atormentar a un profe o dejar patitiesa a tu abuela, prueba el siguiente test. Todo lo que tienen que hacer es responder «verdadero» o «falso».

1 Las tropas aliadas lo pintaban todo de color caqui como medida de camuflaje. ¡Incluso los rollos de papel higiénico eran de color caqui!

2 Los soldados japoneses coleccionaban los cráneos de soldados estadounidenses, los limpiaban y los pulían para enviarlos a sus casas como recuerdo.

3 Algunos espías alemanes fueron ejecutados con la guillotina.

4 A los soldados británicos que estaban en Italia les dieron ropa de invierno y se morían de calor.

5 En noviembre de 1940, un hombre llamado Lloyd fue detenido en Gran Bretaña por encender una hoguera en el jardín de la parte posterior de su casa.

6 Los soldados que habían hecho novillos en la escuela siendo niños eran más propensos a hacer novillos en el ejército y huir de los combates.

7 En Alemania cerraron las residencias de ancianos porque todos sus arrugados residentes habían sido reclutados para luchar en el ejército.

8 En Alemania no se permitía a los ciegos casarse.

9 Si llegabas tarde a trabajar en una fábrica alemana, perdías la paga de todo el día.

10 Decían que Mussolini, el dirigente de Italia, se parecía a Oliver Hardy, el de las películas de El Gordo y el Flaco.

Respuestas:

1 Verdadero. Al principio, los soldados británicos llevaban calzoncillos y pañuelos blancos. Pero una ráfaga de blancura podía delatarlos ante la mirada atenta del enemigo. Decidieron llevarlo todo del color del barro: un caqui pardusco, ¡incluso el papel higiénico y los limpia-pipas! Sin embargo, los *marines* de Estados Unidos llevaban camisetas blancas, que les salvaron la vida en Guadalcanal en el Pacífico sur. Los hombres, acorralados, hicieron señales a los aviones componiendo la palabra «S-O-C-O-R-O» con ellas.

---

2 Falso. La espeluznante verdad es que fueron los soldados norteamericanos quienes coleccionaban cráneos de soldados japoneses muertos. En setiembre de 1942, el comandante norteamericano de la Flota del Pacífico ordenó: «Prohibido utilizar ninguna parte del cuerpo del enemigo como recuerdo». Nadie hizo caso de la orden. Un soldado norteamericano envió a su hermana una costilla pulida de un soldado de la aviación japonesa. Ella se la había pedido. Otro entretenimiento encantador era arrancar los dientes de oro de los enemigos japoneses (y las víctimas no siempre estaban muertas). En Guadalcanal, la cabeza quemada de un japonés (con el casco puesto) fue exhibida en un tanque norteamericano. ¡Y nosotros que creíamos que lo de exhibir las cabezas de los enemigos se había terminado con los celtas, hace quinientos años!

3 Verdadero. En agosto de 1942, los cazaespías alemanes descubrieron a un equipo de 46 espías. Estaban enviando mensajes a agentes enemigos soviéticos. Los alemanes pusieron el nombre de «Orquesta Roja» al grupo y pronto pusieron fin a su actuación. A los espías masculinos se los llevaron y ahorcaron, pero a las espías femeninas las ejecutaron con el método francés de la guillotina.

4 Falso. Lo cierto fue lo contrario. Los estrategas del ejército creyeron que haría mucho calor en Italia, pero llovió e hizo mucho frío. En las montañas helaba y muchos soldados británicos, con sus uniformes ligeros, sufrieron horrores por el frío; incluso algunos murieron. Cuando se secó el barro, las carreteras y los caminos se convirtieron en polvaredas. Los tanques aliados levantaban enormes nubes de polvo a su paso, lo que los convertía en objetivos fáciles para los cañones alemanes. ¡Tanto si hacía frío como calor, los británicos no podían ganar!

5 Verdadero. A Lloyd le gustaba Hitler y, en general, apoyaba al partido nazi. Lo habían expulsado del ejército por su partidismo. La hoguera no era ninguna señal para los bombarderos enemigos, sino un gesto para demostrar que los británicos no le iban a decir a él lo que tenía que hacer. El juez le condenó a cadena perpetua. Lloyd hizo al juez el saludo nazi. Si hubiese tenido sentido común, habría dicho:

PERO YO CREÍA QUE ERA LA NOCHE DE SAN JUAN.

6 Verdadero. Por lo menos fue verdadero en el ejército norteamericano que hizo la encuesta. A los americanos no les gustaba llamar a sus hombres «desertores», por lo que les llamaban «AWOL» (siglas que en inglés significaban ausente sin permiso). El soldado Slovik fue el único soldado a quien su propio ejército mató por desertar durante la Segunda Guerra Mundial. Por otro lado, los alemanes ejecutaron a más de 10 000 de sus propios soldados durante la Segunda Guerra Mundial, y siempre había muchos voluntarios que se ofrecían para formar parte del pelotón de fusilamiento. (Ejecutaron a 11 civiles en un día de 1942 por incumplir la prohibición de encender luces por la noche.)

7 Falso. Pero era un chiste muy popular en Alemania. A medida que la guerra avanzaba y los hombres sanos morían o eran hechos prisioneros, el ejército alemán llamaba a filas a hombres mayores y a muchachos. Los ancianos de 65 años eran llamados a servir en la milicia alemana, lo que originó otro chiste alemán:

¡DICEN QUE PODEMOS LIBRARNOS SI DEMOSTRAMOS QUE NUESTROS PADRES ESTÁN LUCHANDO EN EL FRENTE!

8 Verdadero. Los nazis fueron muy duros con las personas discapacitadas. A los sordos y a los ciegos no les estaba permitido casarse, para que no tuvieran hijos sordos o ciegos. Y a los discapacitados mentales los exterminaron. Los hospitales consiguieron 100 000 camas más para los soldados heridos, «ayudando» a los pacientes enfermos mentales a morir. Esto empezó en setiembre de 1939 (al amparo de la guerra). El plan recibió el nombre en clave de «T4». El principal objetivo de estos «asesinatos piadosos» de adultos y niños mentalmente o físicamente discapacitados era preservar la pureza de la raza. En la Alemania del futuro no habría enfermos. En secreto, se llevaban a los discapacitados de sus casas y de los hospitales y los mataban. A los padres y a las familias les decían simplemente que su pariente «había muerto de repente». Corrió el rumor de lo que sucedía y, en 1941, el arzobispo católico romano de Munster denunció los asesinatos nazis en un sermón. Sorprendentemente, se dejaron de hacer.

9 Falso. Era mucho, pero mucho peor. Si llegabas tarde al trabajo, te podían condenar a tres meses de prisión. (¡Y tú que pensabas que hacerte quedar una hora más en el cole por llegar tarde era cruel!) En 1944, los obreros tenían que trabajar 60 horas por semana (o 72 horas por semana en las fábricas de aviones). Si te pedían hacer horas extras, podías escoger entre hacerlas o ir a la cárcel durante 12 meses.

¡SUPONGO QUE ES INÚTIL QUE LE PIDA TRES SEMANAS DE VACACIONES!

10 Verdadero. Mussolini era bajo y gordo. Cuando empezó a volverse calvo se hizo afeitar totalmente la cabeza. Cuando se convirtió en el dirigente de Italia, llevaba un traje oscuro y un bombín. Alguien le dijo que se parecía a Oliver Hardy –el gordo– y comenzó a ponerse uniformes militares. Benito Mussolini casi nunca sonreía ni reía, y menos aún cuando veía las películas del Gordo y el Flaco.

Minas asesinas

La Unión Soviética intervino en la guerra del lado de los aliados en 1941 y su gente luchó con tanta dureza como cualquier otro pueblo de la historia. La Unión Soviética perdió una cantidad increíble de población: algunos historiadores soviéticos hablan de 43 a 47 millones de soviéticos muertos, si se incluyen las secuelas de la guerra como la hambruna y la destrucción de hogares. Esto equivalía a la población total de Gran Bretaña en aquella época.

Los soviéticos no ponían reparos a la forma de luchar ni a quién moría, mientras ganasen. Estados Unidos solamente ejecutó a uno de sus 19 000 desertores durante toda la guerra, pero los soviéticos no eran tan bondadosos. A los delincuentes o los que huían de la batalla, los enviaban a batallones de castigo y les daban trabajos suicidas.

Lo positivo era que si un soldado soviético resultaba herido en alguno de estas tareas de limpieza, era perdonado. (Por supuesto, también lo perdonaban si pisaba una mina y moría. Los pedazos que quedaban eran perdonados.)

El ángel del campo de minas

Por lo visto, los británicos que estaban en el norte de África, tenían un método distinto para cruzar un campo de minas. En 1943, un soldado contó lo siguiente:

Norte de África

Julio de 1943

Querida Elsie:

Sé que estás preocupada por mí, ahora que estoy en el desierto, pero creo que no me sucederá nada. Parece que tenemos una especie de ángel de la guarda que nos protege. Sí, ya sé que nunca he sido una persona religiosa, pero después de lo que vi ayer ya no estoy tan seguro.

Acabábamos de preparar un campo de minas en el desierto para impedir el avance de los tanques alemanes. Teníamos que colocar cintas para marcar un sendero en zigzag por el que pudiéramos esquivar las minas al cruzar el campo, pero los alemanes empezaron el fuego de artillería antes de que pudiésemos hacerlo. Tuvimos que retirarnos a nuestras líneas.

Detrás de la línea defensiva, encontramos a un joven oficial rubio, que tenía metralla clavada en el pecho y a quien le había volado el casco. Estaba encaramado contra la valla, pero estaba muerto. Antes de poder enterrarlo oímos un motor procedente del campo de minas.

Cuando asomamos la cabeza por el terraplén vimos algo asombroso. Un camión británico avanzaba por el campo de minas en dirección hacia nosotros. Tenía que haber volado por los aires, pero, en vez de esto, empezó a zigzaguear lentamente a izquierda y derecha, siguiendo el sendero, a pesar de que no estaba marcado el campo minado.

Cuando por fin el conductor del camión llegó hasta nosotros, le pregunté:

—¿Cómo has encontrado el camino?

—Ha sido ese joven oficial —dijo—, el rubio. Caminaba delante de nosotros.

Me hice a un lado para que pudiera ver el cadáver apoyado en la valla.

—¿Te refieres a éste? —pregunté.

Pensé que el conductor del camión iba a desmayarse de tan pálido como se puso.

—¡Sí! ¡Ha sido él! ¿Qué está haciendo aquí?»

—Hace un cuarto de hora que ha muuertp —dije—. No fue él quien te ha guiado por el campo de minas.

—Pues debe de haber sido su fantasma —dijo el conductor del camión. A continuación lo puso en marcha y se alejó. Jamás lo he vuelto a ver.

Naturalmente, enterramos al oficial, pero por algún extraño motivo, todos tenemos la sensación de que está allí fuera, en algún lugar, cuidando de nosotros. Así que, no te preocupes, Elsie. Sé que llegaré a casa sano y salvo.

Te quiere,

Bill

Armas extravagantes

En una guerra, el bando que posee el mejor armamento tiene ventaja. Profesores y otros poderosos cerebros competían para crear nuevos modos de destruir edificios, destrozar niños, matar mujeres, aplastar soldados y pulverizar pensionistas.

Los británicos inventaron el *pykrete*, una mezcla de serrín y agua que se congelaba para obtener un material más duro que el hormigón. Los barcos construidos con Pykrete no se podrían hundir y, por lo tanto, ganarían la guerra. La guerra terminó antes de que pudieran construirlos. Parece una tontería, pero es la terrible verdad.

A continuación, te presentamos algunas de las ideas más brillantes de la Segunda Guerra Mundial que, según dicen, son ciertas. Algunas no fueron más que rumores de mal gusto, pero otros desgraciadamente existieron. ¿Sabrías decir cuáles fueron verdaderos y cuáles no?

1 El cóctel molotov

2 El cañón de airc comprimido

3 El tanque flotante

4 El cohete super-rápido

5 El portaaviones para submarinos

6 Perros explosivos

Respuestas:

1 El cóctel molotov. Puede parecer una idea estúpida atacar un tanque con una botella de parafina, pero, desgraciadamente, es cierto. Viacheslav Scriabin Molotov fue miembro del Gabinete de Guerra soviético, que necesitaba desesperadamente armas para impedir el avance de los tanques alemanes. Molotov ordenó la fabricación de millones de estas bombas sencillas y hoy en día todavía las siguen utilizando los terroristas, con el nombre de cócteles molotov.

Algunos funcionaron. El interior de un tanque no es tan seguro como te imaginas. En el noroeste de Europa el barro y el hielo fueron los enemigos de los tanques británicos. Cuando había barro, los tanques se iban hundiendo hasta que solamente se veía de ellos la torreta.

SI HUBIESE QUERIDO IR EN UN SUBMARINO, ME HABRÍA ALISTADO EN LA MARINA.

Sobre el hielo, los tanques Churchill y otros, que no estaban equipados con cadenas de caucho (a diferencia de los tanques Sherman norteamericanos), se convirtieron en toboganes gigantes incontrolables.

Quedar atrapado en un tanque en llamas era fatal. Las escotillas eran demasiado pequeñas para huir rápidamente. Un oficial de Estados Unidos describió el incendio de un tanque:

> *Cuando a un tanque lo alcanzan, escupe abrasadoras llamas anaranjadas por todas las escotillas. Cuando la munición explota en el interior, el casco es sacudido por violentas explosiones y chispazos que salen por la boca del cañón como bolas de fuego, igual que fuegos artificiales. Riachuelos plateados de aluminio fundido emanan del motor como si fuesen lágrimas.*

Los alemanes llamaban a los soldados británicos *tommies* y a sus tanques les pusieron el mote de «fogones de Tommy». Los soldados estadounidenses los llamaban «encendedores Ronson», debido al anuncio de la marca Ronson que decía que sus encendedores «se encienden a la primera».

Así que los cócteles molotov eran sencillos, pero letales: ¡Si uno lograba acercarse lo suficiente a un tanque para arrojárselo sin que le dispararan!

2 El cañón de aire comprimido. ¡Una brillante idea! Desafortunadamente, no fue más que un rumor de mal gusto que corrió por Alemania, pero es muy buena idea y podrías probarla en tu clase.

3 El tanque flotante. Otra idea descabellada, ¡pero por desgracia, cierta! En el Día D, se lanzaron los «tanques DD» (unos vehículos anfibios de doble propulsión) desde las lanchas de desembarco que, flotando, llegaron hasta la playa. Cada tanque llevaba un faldón de lona y una hélice. Estaban diseñados para un trayecto corto sobre aguas poco profundas y tranquilas. Se lanzaron 32. Pero el mar estaba agitado y los lanzaron demasiado lejos, porque los tripulantes de los barcos tenían mucho miedo de acercarse demasiado a la costa. 27 se hundieron como piedras y sus ocupantes perecieron ahogados.

4 El cohete super-rápido. Otro rumor de mal gusto de los alemanes, quienes, al parecer, se lo creían. Se entiende el porqué. Un cohete muy rápido podría fácilmente viajar con la misma rapidez que una bala veloz, pero, si el cohete viaja, pongamos a 1500 km/h, las balas de sus ametralladoras también viajan a 1 500 km/h, cuando todavía no han sido disparadas. Si dispara las balas, pongamos que a 750 km/h, éstas viajarán a 2 250 km/h, ¿verdad? Ejem, eso creo yo.

Bueno, no importa. La idea de un mísil disparando balas ya es, de por sí, estúpida.

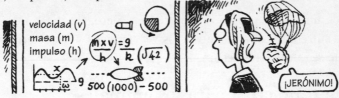

5 El portaaviones para submarinos. Una idea japonesa totalmente alucinante, pero desgraciadamente cierta. ¡Y funcionaba! Los americanos habían bombardeado Tokyo, por lo que los japoneses planearon lo siguiente para vengarse: el 9 de setiembre de 1942 el submarino japonés I25 subió a la superficie y el piloto Nobuo Fujita fue enviado a arrojar bombas incendiarias sobre los bosques de Oregón. La idea era que los incendios se propagaran por las ciudades de la costa oeste de EEUU y sembraran el pánico. Sólo una de las cuatro bombas que llevaba explotó y, en seguida, los guardias forestales apagaron el pequeño incendio que se declaró. Nobuo lo había intentado. Fue el único hombre que arrojó bombas en el interior de EEUU.

6 Perros explosivos. Una idea estúpida, triste y lamentable, pero, por desgracia, cierta y que funcionaba en cierto modo. Fue una idea soviética. A los perros los adiestraron y los llevaron al campo de batalla, donde los soviéticos luchaban contra los alemanes. Cada perro llevaba una mina atada al lomo. Al soltarlos, los animales se dirigieron rápidamente a la parte inferior de los tanques. Desgraciadamente, a los perros los habían adiestrado con tanques soviéticos y, claro está, se colocaron debajo de los tanques soviéticos. Los tanques volaron en mil pedazos y los perros también.

Esos asombrosos animales

Los animales no empiezan las guerras, pero, sin lugar a dudas, las sufren. Recomendamos a los vegetarianos y los veterinarios que se salten esta sección.

Un trato cruel para los animales

1 En la Primera Guerra Mundial, el ejército británico había ganado gracias a la ayuda de los caballos: tiraban de los cañones, transportaban suministros y constituían un plato sabroso cuando los alimentos eran escasos. Pero, durante la Segunda Guerra Mundial, los caballos no tuvieron tanta suerte. En setiembre de 1939, la caballería polaca cargó contra tanques Panzer alemanes. Un soldado alemán describió lo sucedido:

En unos minutos, la caballería se convirtió en una masa humeante de hombres y caballos descuartizados y gimientes deventrados.

2 Los soldados, aburridos, practicaban deportes con los animales. Las carreras de caballos eran imposibles, pero los soldados norteamericanos que invadieron Italia se lo pasaban en grande con las carreras de escarabajos.

- Cada soldado tenía su propio escarabajo pintado con sus «colores» en el lomo.
- Trazaban un círculo de dos metros en el suelo.
- Colocaban los insectos bajo un tarro de cristal en medio del círculo.
- Levantaban el tarro.
- El primer escarabajo que salía del círculo ganaba.

Había un mercado de escarabajos para las grandes competiciones y se ganaban y perdían grandes cantidades de dinero en las apuestas.

3 Cuando terminó la guerra y el Ejército soviético cercó Berlín, los defensores alemanes se replegaron para defender el parque de Tiergarten, en el que había un zoológico. En la mañana del 2 de mayo de 1945, los soldados empezaron a rendirse acompañados de los ruidos que hacían los animales hambrientos y heridos. Pero, según los recuerdos de un ruso, el lamento más triste fue el de un viejo guardián del zoológico –el último en irse–, que estaba llorando sobre el cuerpo de un enorme hipopótamo. Una bomba rusa lo había matado.

4 En 1945, durante un bombardeo sobre Dresden, murieron 48 caballos de circo que fueron abandonados a orillas del río Elba. El mismo bombardeo había destrozado las jaulas del zoo. Los buitres huyeron, pero encontraron a los caballos muertos. Seis semanas después del bombardeo, la gente todavía decía haber visto monos e incluso un león.

5 A Hitler le gustaban los perros. Mientras combatía en la Primera Guerra Mundial, tenía un perrito llamado Fuschl, al que adiestró para subir y bajar escaleras de mano. (Alguien le robó el perro y no lo volvió a ver, a no ser que se lo sirvieran en forma de pastel de carne.) Luego, Hitler tuvo perros alsacianos y, durante la guerra, tuvo uno llamado Blondi. Cuando los amigos de Hitler decidieron suicidarse en 1945, Hitler se ofreció para probar si el cianuro funcionaba. Se lo dio a Blondi. El cianuro hizo efecto en seguida sin causar dolor.

6 Hitler era vegetariano y detestaba ver sufrir a los animales. El mejor modo de preparar las langostas es meterlas en agua hirviendo cuando aún están vivas. A Hitler no le gustaba en absoluto oír sus coletazos cuando las metían en el agua y promulgó una ley que ordenaba que las mataran de forma menos cruel. Así que, para las langostas, la guerra fue buena, así como para los zorros y los ciervos, porque Hitler prohibió que fuesen cazados con perros. Aunque, por supuesto ¡le parecía muy bien que sus nazis cazaran y asesinaran seres humanos!

7 A Heinrich Himmler, el principal genocida, le gustaba mucho meter en campos de concentración a los que no eran alemanes, torturarlos, hacer experimentos con ellos, asesinarlos con gas, golpearlos o agotarlos hasta la muerte trabajando. Sin embargo, Himmler decía:

Disparar a pájaros y animales no es ningún deporte. Es asesinar. Los alemanes siempre hemos respetado a los animales.

Incluso decía que los miembros de las SS* deberían llevar campanitas por la noche para que las bichitos, al oírlos, pudieran

---

* Las SS (siglas de *Schutzstaffel*) eran la guardia personal de Hitler. Al finalizar la guerra, eran 50 000 soldados. ¡Aquel loco debía creer que tenía un cuerpo muy grande que proteger! Llevaban elegantes uniformes negros y eran adiestrados para que fuesen crueles y despiadados. Era la organización que ejecutaba a los prisioneros de los campos de concentración.

huir para que no les pisaran sin querer. Himmler también dijo que le gustaba la costumbre alemana medieval de someter a las ratas a juicio y así darles una oportunidad para corregirse en vez de exterminarlas. En algunas regiones, se prohibieron los experimentos con animales vivos –la vivisección–, pero, en cambio, permitían los experimentos con víctimas humanas en los campos de concentración.

8 Los prisioneros soviéticos en Alemania siempre tenían hambre. Para ellos era algo extraordinario atrapar a un perro callejero y comérselo, pero era difícil atrapar perros, porque no querían acabar como salchichas. Los hambrientos soviéticos imploraban a los guardias alemanes que mataran los perros con sus pistolas. A los guardianes no les importaba porque creían que los perros eran unos pesados y, además, así podían practicar su puntería. Cuando un perro era abatido, los hambrientos prisioneros se volvían locos. Un guardia contó:

> *Cuando un perro caía, los prisioneros se le echaban encima y lo desgarraban con sus propias manos, cuando todavía no estaba completamente muerto. Se metían su corazón, su hígado y los pulmones en los bolsillos para comérselos más tarde. Luego encendían una hoguera y asaban la carne del perro con astillas de madera. Siempre se peleaban por los trozos más grandes.*

Historias inesperadas

La Segunda Guerra Mundial dio lugar a muchos relatos extraños sobre animales.

Una gata previsora

La milagrosa gata de la iglesia de San Agustín de Londres dejó perplejo a su propietario, el rector Ross. Ayer, el rector subió al montón de escombros de lo que fuera su iglesia para hablarnos de su precavida gatita.

–Hace tres años que tenemos a Fe –dijo a nuestro corresponsal–. Tenía a sus gatitos en la planta superior de la parroquia, pero hace tres día los bajó al sótano y los metió en un rincón. Cada vez que yo los volvía a subir al desván, ella los volvía a bajar. Hasta que ayer nos alcanzó directamente una bomba. La planta superior quedó destrozada, pero encontré a Fe y sus gatitos sanos y salvos en su rincón del sótano.

Los de la clínica veterinaria quieren dar una medalla de plata a Fe, nuestra heroína. Incluso el obispo de Londres admitió: «Realmente, esta gatita da que pensar.»

9 de setiembre de 1940

92

La buena pata de Freda

Un suizo que está de visita en Londres ha hablado de una nueva arma secreta que tienen los habitantes del pueblo alemán de Friedburg para advertirles de los ataques aéreos lanzados por los británicos. No se trata de una maravillosa máquina, sino de un animal con plumas.

Una pata llamada Freda, presa del pánico, se precipitó por las calles graznando ruidosamente. Los friedburgueses se asustaron tanto que corrieron a los refugios; ¡justo a tiempo!, porque nuestros muchachos bombardearon la ciudad pocos momentos después.

–La pata salvó cientos de vidas –dijo el fabricante de relojes suizo a nuestro corresponsal–. Los asustados friedburgueses le están tan agradecidos que quieren erigir un monumento a Freda.

Nosotros, creemos que la pata Freda correría asustada por las calles porque presintió la visita de nuestros bombarderos.

30 de marzo de 1943

La heroicidad de un perro

12 de noviembre de 1940

Una compañía del Ejército británico destacada en Egipto ha recuperado a su mascota. Las tropas del desierto llamaban a su entrañable perrita Sandy, pero pensaban que ya no volverían a verla. El camión en el que viajaba tras la batalla de El Alamein fue capturado. A los soldados los hicieron prisioneros, pero los alemanes abandonaron a la pobre Sandy para que muriera de calor durante el día y de frío por la noche.

Como pudo, la buenaza de Sandy recorrió 210 km hasta llegar a Alejandría. Incluso logró orientarse por laberinto de callejuelas hasta los barracones de la compañía.

(sigue)

93

—Puede que parezca un perro sarnoso, pero tiene el valor de un bulldog británico —dijo con orgullo el brigada de la compañía.

¡Nadie podría acusar a la valiente Sandy de ser una gandula!

¡Brrr! ¡Vaya pájara!

Ayer, a la mejor paloma británica Mary de Exeter, le fue concedida la medalla Dickin por su asombroso valor.

Mary llevó mensajes del servicio secreto desde Europa a Gran Bretaña y, en su primera misión, regresó con una profunda herida en el pecho causada por un halcón alemán. Esos enemigos con plumas son adiestrados por los alemanes para atacar a nuestras valientes palomas.

¿Se rindió Mary? ¿Está bien de la cabeza Adolf Hitler? ¡No! Dos meses más tarde, nuestra aguerrida paloma volvía a estar en activo y esta vez volvió con perdigones en su cuerpo y sin parte de un ala; sin embargo, logró transmitir el vital mensaje.

En Exeter, el palomar en el que vivía fue bombardeado, pero la incombustible Mary logró sobrevivir.

Su adiestrador, Robert Tregowan, dijo: «La última vez, la encontramos en un campo cerca de casa, con el cuerpo lleno de heridas y casi muerta de cansancio. Creo que habría llegado hasta casa andando de haber sido necesario». Es una aguerrida combatiente que se ha ganado su ración de cañamones.

27 de febrero de 1945

94

Medallas miserables

Cuando los aliados desembarcaron en Sicilia (10 de julio de 1943), un perro norteamericano llamado Chips se ganó el sustento atacando un nido de ametralladoras. A pesar de estar herido, Chips agarró a un artillero italiano por un brazo y los otros tres se rindieron. A veces, los soldados han conquistado fortalezas de este tipo sólo con sus propias manos, pero Chips lo hizo sin ninguna mano.

Más tarde, aquel mismo día, acorraló a otros diez italianos.

Cuando llegaron noticias de las hazañas del perro a Estados Unidos, a Chips le concedieron la Cruz de Servicios Distinguidos, la Estrella de Plata y el Corazón Púrpura, pese a que es contrario a las leyes del ejército estadounidense otorgar medallas a los animales.

Los valientes soldados no tienen que compartir las condecoraciones con un perro.

Después, a Chips le quitaron sus medallas. De todos modos, probablemente habría estado más contento con un hueso.

Esos piojosos embusteros

La primera víctima de una guerra es la verdad, porque brilla por su ausencia. La gente cuenta toda clase de mentiras, si creen que les ayudará a sobrevivir o a ganar la guerra.

El complot polaco

Las tropas alemanas invadieron Polonia en setiembre de 1939, y este hecho fue el inicio de la Segunda Guerra Mundial.

Pero Adolf Hitler no quería que nadie le culpase a él ni a sus nazis de comenzar la guerra, por lo que Reinhard Heydrich, el jefe del Servicio Secreto de Hitler, se inventó la siguiente mentira:

¡EL EJÉRCITO POLACO HA EMPEZADO! ¡ELLOS NOS ATACARON PRIMERO!

El plan de Heydrich recibió el código secreto de «Productos enlatados» que funcionaba de la forma siguiente:

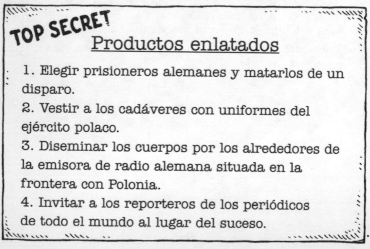

TOP SECRET

Productos enlatados

1. Elegir prisioneros alemanes y matarlos de un disparo.

2. Vestir a los cadáveres con uniformes del ejército polaco.

3. Diseminar los cuerpos por los alrededores de la emisora de radio alemana situada en la frontera con Polonia.

4. Invitar a los reporteros de los periódicos de todo el mundo al lugar del suceso.

¿LO VEN? TUVIMOS QUE DEFENDERNOS. NOS ATACARON Y AQUÍ ESTÁN LOS CADÁVERES PARA DEMOSTRARLO.

Es difícil saber si hubo alguien tan ingenuo para creerse esa patética engañifa.

Rumores despreciables

¿Quieres saber lo que realmente sucedió durante la Segunda Guerra Mundial? No se lo preguntes a alguien que la haya vivido. Todo el mundo hablaba de la guerra, pero se decían tantas mentiras que la gente empezó a creérselas.

Historias increíbles

En tiempos de guerra, se creen todo tipo de supersticiones. Algunos alemanes creían que, cuando alguna de sus casas era bombardeada, la pared donde estuviese colgado un retrato de Hitler se mantendría en pie.

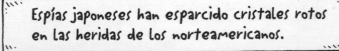

¿POR QUÉ NO CLAVABAN SU RETRATO EN TODAS LAS PAREDES Y TECHOS?

A continuación, te presentamos algunos de los rumores de los aliados que circularon durante la Segunda Guerra Mundial. ¿Cuántos de ellos son ciertos?

1 Los soldados británicos han tenido que pagar las armas y el equipo que perdieron en la derrota de Dunkerque.

2 Espías japoneses han esparcido cristales rotos en las heridas de los norteamericanos.

3 Todas las voluntarias del ejército femenino de Estados Unidos deben desnudarse y someterse a la inspección de oficiales masculinos antes de ser admitidas.

4 Los soldados británicos que están luchando en el norte de África saben que están a salvo cuando se distraen con un partido de fútbol. Los alemanes no disparan a los futbolistas, aunque sean enemigos.

5 A los alemanes les falta carne y, de tanto comer verduras, empiezan a ponerse de color verde.

6 En Hawai hay un perro que, ladrando, pasa mensajes en morse a un submarino japonés.

7 La compañía automovilística Ford regalará un coche nuevo a los 100 primeros marines estadounidenses que desembarquen en Japón

8 El ejército británico que está en el desierto del Sáhara ha pedido un millón de sacos para la arena, pero los recibieron llenos de arena.

9 Cada vez que los alemanes lanzan una V1 (bomba voladora), seis de sus soldados mueren en la explosión producida en el lanzamiento.

10 Los soldados escoceses regresarán a sus casas al terminar la guerra en barcos provistos de chimeneas pintadas a cuadros como el tartán de sus faldas.

Respuesta: Corrieron todos estos rumores y muchos los creyeron, pero ninguno era cierto.

Muchos soldados norteamericanos creyeron que les regalarían un coche Ford cuando terminara la guerra (lo que recibieron fue un libro de bolsillo gratis, ¡algo muy distinto!)

¿Quién empezaba el rumor? A veces un gobierno decidía provocar al enemigo propagando los rumores. Por ejemplo, el *British Political Warfare Executive* (Comité ejecutivo británico para la política bélica) se los inventaba y los transmitía a los viajeros o a los periodistas extranjeros. También propagaban rumores de noticias «verdaderas» en Gran Bretaña. La siguiente la creyeron muchos británicos.

* La verdad es que se llevaron a cabo experimentos de tal naturaleza, pero jamás se pusieron en práctica.

¡A que no lo sabías!

Incluso después de la guerra circularon extraños rumores. Muchos se negaron a creer que Hitler se hubuera suicidado en su búnker de Berlín. Se propagaron cientos de rumores, según los cuales Hitler estaba vivo y gozaba de buena salud. Algunos de los rumores más extravagantes decían que Hitler:

- vivía como un ermitaño en Italia, en una cueva,
- vivía como un pastor en Suiza,
- trabajaba en una casa de juegos de Francia,
- trabajaba de pescador en Irlanda,
- todavía estaba en el mar, después de huir en un submarino alemán,
- vivía en un refugio subterráneo en Suecia con suficientes alimentos enlatados para años,
- dirigía una lavandería en Alemania
- o trabajaba de camarero en un café holandés.

En 1992 fue la última vez que alguien dijo haber visto a Hitler.*

Mentiras ciertas

El gobierno de Estados Unidos tenía un «Departamento de mentiras», el *Morale Operations Section*. Hicieron correr un rumor sobre una terrible catástrofe que iba a suceder en Japón en

---

* Todo son tonterías. También se dijo que Hitler era un guardia de tráfico de Londres. La verdad es que huyó y se convirtió en profesor de inglés en el norte de Inglaterra. Lo sé porque él me enseñó.

agosto de 1945. Nadie había hablado al departamento de las secretas bombas atómicas. El 6 de agosto, la primera bomba atómica cayó sobre Hiroshima. Una mentira asquerosa se había convertido en una terrible verdad.

En la guerra, ayuda si uno aprende a odiar de verdad al enemigo, y se da una imagen de ellos de seres salvajes a los que se tiene que vencer a toda costa. En Estados Unidos, se hizo popular el relato de un soldado norteamericano que escribió desde un campamento japonés de prisioneros de guerra:

Pero estoy bien y me cuidan. No te preocupes.

Da recuerdos a mi hermanito. ¿Por qué no pones en remojo el sobre para sacar el sello para su colección?

Con cariño.

Hank

Cuando la madre puso en remojo el sobre para sacar el sello, leyó otro mensaje:

¡Me han cortado la lengua!

Algunos prisioneros de guerra fueron sometidos a tortura, pero esta historia tan horrible en concreto no es cierta. ¿Cómo lo sabemos? Porque las cartas de los prisioneros de guerra no llevaban sellos.

En Alemania también contaban cosas terribles a los niños. Ésta es la versión de un cuento alegre para contar a un niño al acostarse, que a lo mejor te gustaría contar a tu hermanito o hermanita, ¡si los odias de veras!

Horror en Hamburgo: Un macabro cuento de hadas

Una muchachita avanzaba saltando a la pata coja por la calle destrozada por las bombas, frente a casas en ruinas y sorteando con cuidado los escombros. Era delgada como la lluvia que caía y las suelas de sus zapatos todavía lo eran más. Agarraba contra su pecho una barra de pan moreno.

Estaba oscureciendo y quería llegar a casa antes de que fuese de noche y las ratas salieran. Las farolas, aunque funcionaban, no las habían encendido. La chiquilla se detuvo. De un callejón salía un suave sonido metálico y regular. Se quedó paralizada y giró la cabeza lentamente hacia el ruido.

Un hombre, vestido con un pesado abrigo del ejército, que llevaba un bastón blanco, tanteaba el camino dirigiéndose hacia la muchacha. Ella dio un paso hacia atrás, haciendo saltar una piedra con los pies. El hombre se paró, levantó su pálido rostro con sus ojos protegidos por unas gafas de cristal negro y dijo:

—¿Hay alguien aquí?

A la muchacha se le había secado la boca. Se humedeció los labios con la lengua y respondió con un hilo de voz:

—Sí, señor.

En el rostro arrugado del hombre se dibujó una sonrisa.

—¿Cómo te llamas, muchacha?

—Gerda, señor.

—Gerda, un nombre muy bonito. Gerda, ¿querrías hacer algo por tu patria? ¿Algo que nos ayudase a ganar la guerra? ¿Algo que impidiese que las bombas nos cayeran encima todas las noches y que nos liberara?

Gerda dio un paso hacia delante.

—¡Oh, sí, señor!

—¿Eres una alemana de verdad?

—Sí, señor.

—En este caso, te contaré un secreto —dijo el hombre—. Tengo un mensaje muy secreto. Debe transmitirse ahora mismo, pero yo no soy más que un pobre ciego y necesito una persona joven y ágil que corra como el viento. ¿Conoces la calle Linden?

—Sí, señor.

—En el número 27 hay una zapatería. Entra y di al viejo zapatero remendón que Hans te envía —dijo el soldado. El hombre se metió la mano en un bolsillo de su abrigo grande y gris y sacó un sobre arrugado—. Dale esto. Por nada del mundo debes mirar qué hay dentro.

—No, señor.

—Buena chica. No te detengas por nada, no se lo digas a nadie ni confíes en nadie. Ahora, corre, corre antes de que oscurezca.

Gerda cogió el sobre, se dio la vuelta y echó a correr por las calles vacías, pasando por delante de las ruinas de su vieja escuela y de los tocones resquebrajados de los árboles del parque. La hierba estaba cubierta de barro y sus delgadas suelas resbalaban mientras cruzaba veloz los jardines del parque. En el otro extremo estaba la comisaría, y un oficial estaba corriendo las cortinas para ocultar la iluminación del interior.

«Está oscureciendo —se decía la muchacha, jadeante—. Debo entregar la carta antes de que caiga la noche.»

Entonces, se detuvo de repente y sus pies resbalaron sobre la acera agrietada. Se tranquilizó, se dio la vuelta y entró en la comisaría. El hombre viejo y cansado que estaba detrás del mostrador la miró con sus ojos rojizos.

–¿En qué puedo servirte? –le preguntó el hombre con voz afable a pesar del aspecto feroz que le daba su bigote gris y erizado.

Gerda le explicó lo sucedido. El policía asintió con la cabeza.

–Ya entiendo –dijo, moviendo la cabeza–. Es sospechoso.

–¡Es lo que he pensado! –exclamó la muchacha–. Me he dado cuenta cuando pasaba corriendo por aquí. ¿Cómo sabría el hombre que estaba oscureciendo si fuera ciego?

El hombre cogió un abrigo y se lo echó por encima de los hombros.

–Creo que llevaré esta nota al número 27.

Más tarde, aquella noche, mientras Gerda estaba tumbada en la cama, bajo una delgada manta, escuchando el retumbar lejano de las bombas, se oyó otro ruido sordo. Alguien estaba llamando a la puerta. Su madre hizo entrar al policía en la casa y Gerda se sentó para escuchar con los ojos bien abiertos. El policía le contó lo que había sucedido.

–En el número 27 de la calle Linden hay una zapatería que llevan un anciano y su esposa. Cuando he entrado en la tienda, la pareja parecía muy nerviosa. Todas las tiendas de los zapateros remendones hacen un olor muy fuerte a cuero viejo y agrio, pero esa olía todavía peor. El hombre se ha excusado y se ha ido a la trastienda. He oído que se abría y cerraba la puerta trasera y me he dado cuenta de que se había escapado, así que he registrado la tienda y el sótano.

–¿Qué había? –preguntó Gerda agarrándose con fuerza al chal de su madre.

–Algo más horroroso que todo lo que he visto en esta terrible guerra –se lamentó el policía–. Había cuerpos. Cadáveres. La mayoría cortados a trozos y envueltos como trozos de carne para ser vendidos a clientes hambrientos.

La madre de Gerda se quedó sin habla.

–He oído rumores de gente que come carne humana.

Gerda tenía una pregunta por hacer:

–¿Qué ponía en la carta?

El policía se la entregó. Ella abrió la hoja de papel. Decía:

> Querido Jacob,
>   Ésta es la última que te envío hoy.
>   Tu amigo,   Hans

Gerda se sintió mareada.

–Yo era...

–Tú eras la siguiente –asintió el policía.

¿Qué te parece? ¿Sucedió de verdad? ¿O no era más que la versión moderna de Caperucita Roja en tiempos de guerra? La niña que se encuentra con un desconocido que la envía al matadero.

Unos escalofriantes niños

La Segunda Guerra Mundial fue una guerra de jóvenes. Algunos soldados británicos y estadounidenses tenían tan sólo 18 años. En el Ejército británico, a todos los que tenían 30 años o más les llamaban «papá».

Jovenzuelos terroríficos

¿Cómo se crean nazis de verdad? Coge a niños y adiéstralos para que sean nazis. Éste era el objetivo del movimiento de las Juventudes Hitlerianas. Pero Adolf Hitler y los nazis no inventaron la idea. A finales del siglo XIX, Herman Hoffman creó la *Wandervogel*, el Movimiento de las Juventudes Alemanas.

Manual de la Wandervogel

Normas:

Objetivos: Los jóvenes alemanes deben descubrir la naturaleza.

Uniforme: Todos los miembros llevarán camisas y pantalones cortos oscuros, ¡incluso en invierno! ¡Os hará bien y os ayudará a descubrir la naturaleza.

Saludo: Cuando encuentres a otro miembro del movimiento, debes levantar el brazo derecho en el aire y gritar: ¡Heil!

En 1936, *todos* los muchachos alemanes de edades comprendidas entre los 15 y los 18 años tenían que ingresar en la Organización de las Juventudes del Partido Nazi, las *Jungend* (conocidas popularmente como las Juventudes Hitlerianas). Te llamaban *pimpf* (que en alemán significa «chiquillo») y tenías que pasar una prueba: correr 50 metros en 12 segundos, participar en una excursión de dos días y recitar el himno: *«La canción de Horst Wessel»*. Wessel era un criminal nazi que murió en una lucha callejera con los comunistas. La canción animaba a los nazis, diciéndoles que los espíritus de los nazis muertos los acompañaban.

Una vez habías pasado la prueba, te daban un cuchillo nazi con las palabras «Sangre y honor» grabadas en la hoja. Los muchachos de edades comprendidas entre los 10 y los 14 años, podían empezar a prepararse para ser unos buenos nazis, ingresando en las *Jugend* para jóvenes, la *Jungvolk*, mientras que las muchachas de diez años entraban en la *Jungmadel*.

Chicas preciosas

Los nazis tenían una idea muy clara de cómo debía ser una mujer nazi perfecta.

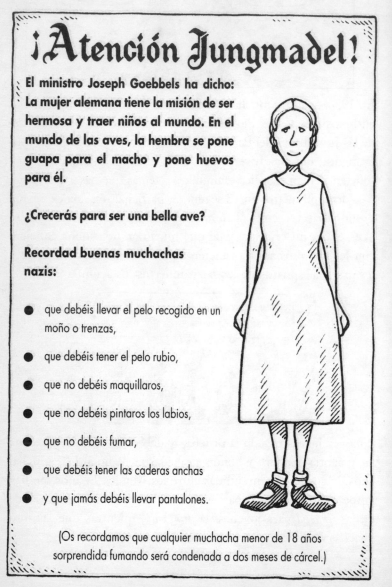

¡Atención Jungmadel!

El ministro Joseph Goebbels ha dicho: La mujer alemana tiene la misión de ser hermosa y traer niños al mundo. En el mundo de las aves, la hembra se pone guapa para el macho y pone huevos para él.

¿Crecerás para ser una bella ave?

Recordad buenas muchachas nazis:

- que debéis llevar el pelo recogido en un moño o trenzas,

- que debéis tener el pelo rubio,

- que no debéis maquillaros,

- que no debéis pintaros los labios,

- que no debéis fumar,

- que debéis tener las caderas anchas

- y que jamás debéis llevar pantalones.

(Os recordamos que cualquier muchacha menor de 18 años sorprendida fumando será condenada a dos meses de cárcel.)

A Joseph Goebbels le gustaba que las muchachas no permanecieran en su lugar, es decir, en la cocina. Era el primer ministro de Hitler al final de la guerra. Era esmirriado y su pelo y tez eran oscuros, así que distaba mucho de ser el alemán «perfecto» que decía querer preservar.

Cuando Hitler murió, Alemania quedó en manos de Joseph Goebbels. Éste, sabiendo que estaba rodeado ante el avance de las tropas soviéticas, envenenó a sus seis hijos: Helga, Heide, Hilde, Helmut, Holde y Hedda, envenenó a su esposa y luego se envenenó a sí mismo, pero durante unas horas, el hombre conocido como «el Enano envenenado»* fue el *Führer* (dirigente) de Alemania, por lo menos de los escasos metros cuadrados que quedaban de la Alemania nazi.

Evacuados 1
Los niños alemanes fueron evacuados de las ciudades bombardeadas y enviados a campamentos dirigidos por maestros leales nazis o viejos soldados. La instrucción militar era más importante que los estudios. En el campamento preferían que los alumnos copiasen en los exámenes a que suspendieran. Tal vez creas que esto era una buena idea y que te gustaría que se pusiera en práctica en tu escuela, pero antes de que lo sugieras a tu profesor, tienes que saber que estas reglas del campamento tenían su lado negativo: si encontraban una mota de polvo en tu habitación, te daban latigazos.

* También le llamaban «Mickey Mouse de Dios», ¡un cruel insulto para el pobre Mickey!

Evacuados 2

A los niños londinenses los enviaban a casas particulares en el campo, pero a veces los niños de las ciudades eran muy bastos y sus nuevos hogares del campo muy elegantes.

Una rica hacendada se quejó a la madre de un niño evacuado diciendo:

SE BAJÓ LOS PANTALONES E HIZO SUS NECESIDADES EN MEDIO DE LA ALFOMBRA.

La madre agarró al niño, le dio una bofetada y le recordó:

¡PLAF!

¡ERES UN MARRANO! ¡MIRA QUE ENSUCIAR LA ALFOMBRA DE LA SEÑORA! ¿POR QUÉ NO LO HICISTE EN UN RINCÓN, TAL COMO TE HE ENSEÑADO YO, EH?

El trabajo de los peques en la guerra

¿Para qué servían las Juventudes Hitlerianas? ¿Qué hacían realmente?

A medida que avanzaba la guerra, y los hombres y las mujeres mayores morían, las Juventudes Hitlerianas los sustituían. A grandes rasgos y como carne de cañón que eran, los trabajos eran cada vez más peligrosos y asquerosos.

	TAREA	PELIGROS	RESULTADO
1939	Entregar documentos de «movilización», las cartillas de racionamiento, segar, pintar los bordillos de blanco para los apagones (un trabajo apreciado porque era pagado).	Que te atropellaran mientras estabas pintando los bordillos o que te atropellara una máquina trilladora durante la siega.	
1940	Recoger casa por casa materiales, como papel, metales, hojas de afeitar, botellas, latón y cobre.	Cortarte con una hoja de afeitar.	
1941	A las muchachas las enviaban a los hospitales militares, a las estaciones para servir comida a los soldados y a las guarderías para cuidar a los bebés.	Coger alguna infección fastidiosa de un soldado herido o que te mordiera un bebé.	
1942	Unirte a los equipos antiaéreos para disparar a los bombarderos enemigos y hacer funcionar los reflectores. Estas tareas eran destinadas a muchachos mayores de 15 años, pero se empleaban chicos y chicas más jóvenes.	Una unidad de muchachas derribó un bombardero norteamericano sobre Viena. El bombardero siguiente acertó su posición y mató a tres de ellas.	¡BUUM!

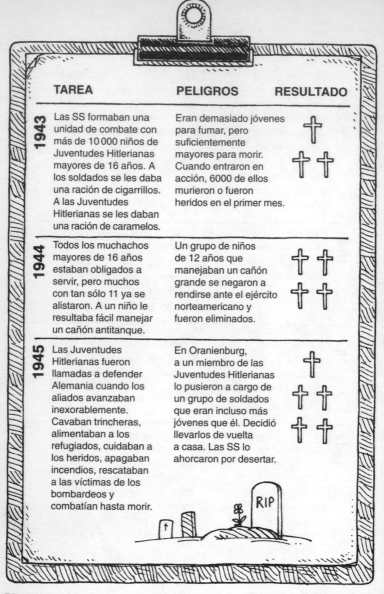

TAREA	PELIGROS	RESULTADO
1943 Las SS formaban una unidad de combate con más de 10 000 niños de Juventudes Hitlerianas mayores de 16 años. A los soldados se les daba una ración de cigarrillos. A las Juventudes Hitlerianas se les daban una ración de caramelos.	Eran demasiado jóvenes para fumar, pero suficientemente mayores para morir. Cuando entraron en acción, 6000 de ellos murieron o fueron heridos en el primer mes.	✝ ✝ ✝
1944 Todos los muchachos mayores de 16 años estaban obligados a servir, pero muchos con tan sólo 11 ya se alistaron. A un niño le resultaba fácil manejar un cañón antitanque.	Un grupo de niños de 12 años que manejaban un cañón grande se negaron a rendirse ante el ejército norteamericano y fueron eliminados.	✝ ✝ ✝ ✝
1945 Las Juventudes Hitlerianas fueron llamadas a defender Alemania cuando los aliados avanzaban inexorablemente. Cavaban trincheras, alimentaban a los refugiados, cuidaban a los heridos, apagaban incendios, rescataban a las víctimas de los bombardeos y combatían hasta morir.	En Oranienburg, a un miembro de las Juventudes Hitlerianas lo pusieron a cargo de un grupo de soldados que eran incluso más jóvenes que él. Decidió llevarlos de vuelta a casa. Las SS lo ahorcaron por desertar.	✝ ✝ ✝ ✝ ✝

Y cuando la guerra terminó, los horrores no se acabaron para los miembros de las Juventudes Hitlerianas. Los aliados los trataron como a los nazis y les obligaron a reparar los daños causados por la guerra.

El 30 de abril de 1945, un grupo de las Juventudes Hitlerianas de edades comprendidas entre los 10 y los 14 años fueron hechos prisioneros en Munich. Los soldados norteamericanos los llevaron al campo de concentración de Dachau al día siguiente. Obligaron a los muchachos a sacar a los muertos. Uno de estos muchachos más tarde escribió:

> Nos llevaron a una vía muerta del tren. Nos ordenaron que abriésemos los vagones de mercancías. Con unas barras metálicas, empujamos las puertas. El esqueleto de una mujer cayó. Después, nada más, porque los cadáveres estaban tan apretujados, que no se movían.

¡Los llevaron a trabajar en las incineradoras!

Antes de la guerra, las Juventudes Hitlerianas parecían grupos de *boy scouts* y de muchachas guías. ¿Te habría gustado unirte a ellos? ¿Qué les sucedía a los jóvenes alemanes que no querían unirse a las Juventudes Hitlerianas?

Malos tiempos para los rebeldes

No existe mucha información sobre lo que les sucedía a los rebeldes que se negaban a unirse a los brutales *boy scouts* de Hitler, pero tenemos algunas pistas:

- Al parecer, todo aquel al que sorprendían divirtiéndose era culpable de perversidad. Un asombroso informe de las Juventudes Hitlerianas sobre un «Local de swing» (algo así como una discoteca actual) decía:

- Las SS tenían una sección que se encargaba de las «juventudes» y se montó un «campo de concentración especial para jóvenes», para los elementos perturbadores. (Puedes estar seguro de que eran peores que los castigos que te puedan imponer en la escuela.)

- En 1942, Helmut Hulmut fue detenido en Hamburgo. ¿Cuál era el delito cometido por Helmut de Hamburgo? Fue sorprendido escuchando programas de la BBC. Además, repartía panfletos antinazis. ¿Cuál fue su castigo? No, no lo torturaron obligándole a escuchar una emisora militar durante una semana sin descanso. Fue algo peor. Lo ejecutaron.

- Jonathan Stark fue llamado a alistarse en el ejército en 1943. Se negó jurar fidelidad a Hitler, porque Jonathan era Testigo de Jehová. Lo enviaron al campo de Sachsenhausen y en 1944 el joven Jon fue ahorcado.

- Había grupos de marginados que se pasaban el día en los cafés, vestidos con ropas que no gustaban en absoluto a los nazis: camisas a cuadros y sombreros magullados, e incluso se ponían anillos. Esos rebeldes se ponían nombres tan atrevidos como «La Banda Negra» o «Los Piratas de la Edelweiss». (Puesto que la «edelweiss» es una flor, debía ser algo así como si el equipo de fútbol de tu escuela se llamaran «Los piratas de la amapola». ¡Eso sí que asustaría a sus rivales!) Los grupos como «Los Piratas de la Edelweiss» acogían a los desertores alemanes y prisioneros de guerra fugitivos e incluso atacaban a la Gestapo. El jefe de la Gestapo de Colonia fue asesinado por Los Piratas en otoño de 1944.

Los miembros del grupo fueron detenidos en toda Alemania. Los que tuvieron suerte, fueron enviados a sus casas con la cabeza rapada; los que no tuvieron tanta, fueron enviados a los campos de concentración especiales para las juventudes y sus líderes fueron ahorcados en público.

- Hans y Sophie Scholl fundaron el movimiento de «La rosa blanca» en la Universidad de Munich para oponerse a los nazis. Sophie descubrió el modo cruel con que los nazis exterminaban a los niños discapacitados y Hans presenció actos brutales en la guerra contra Rusia. Se conocieron en Munich y, en 1942, pintaron el eslogan «Abajo Hitler» en las paredes de la Universidad. Luego repartieron panfletos antinazis (los arrojaban por docenas por las ventanas de la Universidad). Este acto equivalía a haber escrito «Queremos que las SS nos detengan» en las paredes, porque era imposible que quedasen impunes. Ambos fueron guillotinados.

115

Luchando contra pequeñajos

Cuando en Alemania empezaron a escasear los soldados en 1944, muchachos de 16 años tuvieron que combatir en primera línea de fuego. Cuando los soviéticos entraron en Berlín en 1945, estaban defendiendo la ciudad niños de 12 años.

Un muchacho alemán de esta edad se encontró en medio de un grupo de defensores.

No tengo rifle. ¿Qué debo hacer?

Grita ¡Heil!

Berlín bombardeada

Las reglas de la escuela pueden ser aburridas. ¿Te apetece masticar chicle en clase? Pues, según las normas de la escuela, no puedes. No te gustan las normas, pero cuando hay guerra, las normas pueden desaparecer. Las personas crean sus propias reglas. Los matones se apoderan de la situación y entonces desearías que hubiese normas.

Un joven alemán llamado Claus describió lo que sucedió cuando la guerra se cernió sobre Berlín en 1945. Algunos soldados alemanes huyeron, otros fueron apresados por el Ejército alemán y fueron ejecutados.

Varios desertores, con tan sólo la ropa interior puesta, colgaban de un árbol cercano a nuestra casa. En el pecho llevaban un letrero que ponía: «Hemos traicionado al Führer».

El terror de nuestro distrito era un oficial bajito de las SS con tan sólo una pierna que se paseaba por las calles con muletas y una ametralladora a punto, seguido de sus hombres. Disparaba a todo aquél cuyo aspecto no le gustase.

La pandilla bajaba a los sótanos y sacaba a rastras a los hombres, les daban rifles y les ordenaban que salieran a luchar. Todo aquel que vacilaba era asesinado.

La línea del frente se hallaba a pocas calles. Todo se había agotado. La única agua que quedaba estaba en el sótano de una casa unas calles más abajo. Para conseguir pan, tenías que hacer cola junto a cientos de personas, protegidas con grotescos cascos de acero, ante la panadería a las 3 de la madrugada. Un día a las 5 de la madrugada, empezó el fuego soviético. La muchedumbre se apretujó contra las paredes, pero nadie se movió de las cercanías de la panadería. Los aviones soviéticos, volando bajo, ametrallaron a las personas que estaban en la cola.

Por todas las calles quedaron cadáveres tendidos. Los tenderos, que habían estado guardando celosamente las provisiones sin saber muy bien hasta cuando, empezaron a venderlas. El fuego de la artillería pesada destrozó a cientos de mujeres que estaban esperando en el mercado.

Cargaron a los muertos y a los heridos en carros y se los llevaron. Las supervivientes siguieron haciendo cola. Los soviéticos se acercaban, avanzando con sus lanzallamas. Exhaustos y tambaleando, los soldados alemanes pedían agua. Recuerdo a uno que tenía el rostro pálido y tembloroso que decía: «Lo conseguiremos. Llegaremos al noroeste». Sin embargo, sus ojos desmentían sus palabras. Lo que quería decir era: «Escondedme. Dadme refugio. Ya he tenido suficiente». Me habría gustado ayudarle, pero ninguno de los dos se atrevió a hablar, porque cualquiera de los dos habría disparado al otro por derrotista.

El holocausto

Los nazis eran una pandilla de matones y, como cualquier pandilla de matones, necesitaban víctimas. Hitler les dio personas a quien odiar. Les dijo que odiasen a los que él consideraba más animales que humanos. ¿Quiénes eran esos subhumanos?

Los soviéticos y los judíos eran los primeros de la lista.

Los nazis se dispusieron a conquistar a los soviéticos, apoderándose de sus tierras y utilizando a los supervivientes como esclavos.

Pero, para los judíos, los nazis tenían un plan distinto. Heydrich, el secuaz de Hitler, dijo:

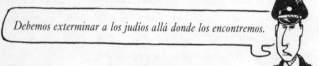

Debemos exterminar a los judíos allá donde los encontremos.

Este exterminio se conoce con el nombre de «holocausto», que literalmente significa «completamente quemado».

«El camino hacia la gloria»

Al principio, a los judíos les obligaban a cavar fosas, luego les disparaban hasta que cayeran en ellas. Pero Himmler, el hombre de Hitler encargado del exterminio, estaba preocupado:

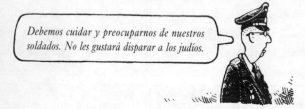

Debemos cuidar y preocuparnos de nuestros soldados. No les gustará disparar a los judíos.

Por este motivo, los nazis probaron a meter judíos en una furgoneta cerrada herméticamente y llenarla de monóxido del car-

118

bono que salía del tubo de escape del vehículo. Las víctimas tardaron ocho minutos en morir. Era demasiado lento.

Finalmente se les ocurrió la idea de utilizar gas tóxico y organizaron campos exterminio para quitarse de encima a los judíos a un ritmo mucho más rápido. En un campo, el de Treblinka, en la zona rural de la conquistada Polonia, se exterminó aproximadamente a un millón de personas en 13 meses. Fueron exterminados por tan sólo 50 alemanes con la ayuda de 150 amiguetes ucranianos.

Naturalmente, los nazis no les decían a los judíos: «Os vamos a matar». Si los judíos lo hubiesen sabido, se habrían escondido, se habrían resistido o habrían atacado a los nazis. En su lugar, los nazis les decían mentiras desde el principio hasta el fin. Llamaban a la carretera que conducía a las cámaras de gas «El camino hacia la gloria», pero era el camino hacia el infierno en la Tierra.

④ LA ESTACIÓN DE TREBLINKA ES COMO LAS DEMÁS, CON RELOJES Y HORARIOS.

HAN DECORADO LA ESTACIÓN DE TREBLINKA PARA QUE PAREZCA NORMAL Y ELLOS ESTÉN TRANQUILOS.

⑤ NOS QUITAN LA ROPA PARA LAVARLA, REMENDARLA Y LUEGO NOS LA DEVOLVERÁN.

LES QUITAMOS LA ROPA PARA QUE NO SE DESPERDICIE. SE LA DAREMOS A NAZIS NECESITADOS.

⑥ NOS AFEITAN LA CABEZA PARA ELIMINAR LOS PIOJOS. QUIEREN QUE ESTEMOS SANOS PARA EL TRABAJO.

LES AFEITAMOS LA CABEZA PARA RELLENAR COLCHONES CON SU PELO. SERÍA UNA PENA NO APROVECHARLO.

⑦ ES UN CAMPO DE TRABAJO, PERO CON TANTOS ÁRBOLES PARECE AGRADABLE.

LOS ÁRBOLES ESCONDEN LAS CÁMARAS DE GAS Y LAS FOSAS.

⑧ NOS HAN DICHO QUE RECORRAMOS ESTE SENDERO LLAMADO «EL CAMINO HACIA LA GLORIA».

LOS LLEVAMOS EN SU ÚLTIMO VIAJE DE 100 METROS HASTA LA MUERTE.

Desde su llegada a la estación de Treblinka hasta que los arrojaban a las fosas, pasaban aproximadamente unas dos horas, a veces incluso tan sólo una hora.

Huyendo del infierno

El 2 de agosto de 1943, los prisioneros obligados a colaborar en los exterminios de Treblinka llevaron a cabo un plan para huir.

- Un prisionero hizo una copia de la llave del almacén de armamento.
- Los prisioneros se armaron.
- Cuando les enviaron a rociar los barracones de madera con desinfectante, pusieron gasolina en las pistolas pulverizadoras.
- Prendieron fuego a los barracones.
- Mientras las SS y los guardias ucranianos apagaban el fuego, los prisioneros huyeron.
- 150 judíos escaparon. Aproximadamente 100 volvieron a ser capturados, pero jamás reconstruyeron Treblinka.

Los nazis intentaron destruir los campos de exterminio cuando vieron que estaban perdiendo la guerra. Sin embargo, todavía hoy se puede ver el emplazamiento de Treblinka. Una piedra monumental del lugar dice simplemente «Nunca más».

Humor del campo

Una de las formas en que la gente logró sobrevivir en los campos de concentración era dando un giro humorístico al horror de su entorno. Un chiste judío que circulaba por los campos decía:

El caso del policía polaco

Para algunas personas, la guerra fue una excusa para comportarse con brutalidad. Hoy en día, ciertos partidos de fútbol proporcionan a los gamberros la misma excusa para infringir las normas, destrozar graderíos y dañar a la gente, pero los gamberros son pocos entre el público, e incluso en una guerra hay pocos monstruos.

Existen más casos de individuos llenos de valor que de crueldad. ¿Cómo te habrías comportado en las siguientes situaciones?

1 Los alemanes conquistaron Polonia en 1939, por supuesto, pero yo era uno de los que creía que la vida era mejor bajo los alemanes que los soviéticos que venían del oeste. Antes de la guerra había servido como policía en Varsovia. Cuando los alemanes llegaron, seguí mi trabajo y me limité a decir:

2 Los alemanes agruparon a los judíos en una zona de la ciudad para poderlos vigilar: el gueto. Mi trabajo consistía en no dejarlos salir de allí. Nunca me han gustado los judíos y yo no les gustaba a ellos. De vez en cuando, entrábamos en el gueto, escogíamos a los más fuertes y los llevábamos a los campos de trabajo.

TRABAJARÁS PARA EL BIEN DE POLONIA.

3 Cuando me contaron que mataban a los judíos con gas, traté de no hacerles caso, pero todos sabíamos que aquellos que enviábamos a los campos no volvían a ser vistos. Pronto en el gueto no quedaron más que mujeres y niños. Hasta que un día el comandante militar alemán nos dio una orden.

MIS HOMBRES VAN A CERCAR A LAS MUJERES Y A LOS NIÑOS. VOSOTROS, LA LEAL POLICÍA POLACA, NOS VAIS A AYUDAR. VOSOTROS CONOCÉIS LA ZONA.

4 Era cierto. Las casas eran como nidos de ratas: corredores, escaleras, sótanos y túneles donde se escondían cuando sabían que los alemanes se acercaban. Nosotros, la policía polaca, conocíamos muy bien la zona. El ataque fue planeado en secreto. Los judíos no tendrían tiempo de escapar. Cerraríamos sus corredores secretos y luego los sacaríamos fuera. En las primeras horas de la madrugada, cuando todos dormían, entramos en el gueto.

5 Pero alguien los había alertado. Cuando derribamos las delgadas puertas de sus habitaciones, vimos siempre lo mismo.

6 El comandante alemán nos ordenó que registráramos los edificios desde el sótano hasta el desván. El propio comandante me acompañó. Sabía que sólo yo podía encontrar a los judíos. Subimos a una casa y abrí todos los paneles secretos y trampillas que conocía. Todo estaba vacío. Por fin llegamos al piso superior de la casa. Una escalera de mano bajaba por un agujero practicado en el techo.

7 Así que agarré una linterna y me dispuse a trepar por la escalera. El silencio era tal, que me costaba creer que pudiera haber alguien allá arriba, en el espacio entre las vigas y el suelo, pero seguí subiendo, hasta que alcancé la entrada del desván. Si hubiese habido alguien esperando, podía haberme golpeado la cabeza allí mismo. Me asomé por el borde del agujero y enfoqué mi linterna. La luz iluminó los rostros pálidos y los ojos grandes y oscuros de 20 niños y mujeresa aterrorizados. El comandante me preguntó desde abajo:

¿HAS VISTO A ALGUIEN?

8 Sabía que la recompensa por atrapar a tantos judíos sería enorme. Me ascenderían. Sería un fiel y digno servidor de confianza de nuestros conquistadores y compartiría su poder y riqueza. Me di la vuelta y dije al comandante:

¿Qué habrías hecho tú? Sabes que enviarías a esas mujeres y niños a una muerte segura, pero esto es la guerra. A diario mueren miles de personas, ¿qué importan 20 más o menos? Y primero son tu esposa y tu familia.

¿Qué hizo el policía polaco?

Respuesta: Se dirigió al comandante alemán y gritó: «¡Aquí no hay nadie!» Acto seguido descendió por la escalera e informó que la casa estaba vacía. No sabemos lo que le sucedió al policía, pero uno de aquellos niños judíos sobrevivió a la guerra y recordó el curioso suceso de aquella mañana. La guerra saca lo peor de algunas persona, pero también lo mejor de otras.

El buen alemán

En la guerra no hubo tan sólo aliados «buenos» y nazis «malos». Se sabe que a veces los británicos ejecutaron a niños y que, en cambio, muchos nazis les perdonaron la vida.

Una madre judía se encontró ante un soldado lituano que trabajaba para los nazis. El lituano levantó la pistola y le apuntó a la cabeza. Su dedo iba acercándose al gatillo. Estaba a punto de matarla por el «delito» de ser judía.

De repente, un oficial del ejército alemán se interpuso entre ellos y salvó a la mujer. Se dirigió al soldado y le explicó:

Un día la historia nos juzgará.

Efectivamente, la historia ha juzgado a los nazis y, en general, han sido hallados «culpables», pero no todos.

La mujer y sus tres hijos sobrevivieron a la guerra. Vivieron en un agujero bajo el suelo de un granero durante casi un año. El agujero era del tamaño de una mesa. Ellos fueron cuatro entre los únicos 30 supervivientes de su ciudad de los 25 000 habitantes que había antes de la guerra.

Epílogo

El tres de setiembre de 1939, el periódico *The Washington Post* publicó el siguiente titular:

LOS DOS BLOQUES HAN ACORDADO NO BOMBARDEAR A LOS CIVILES

Seis años más tarde, Estados Unidos arrojó las bombas más espeluznantes jamás inventadas sobre las ciudades de Hiroshima y Nagasaki, en Japón.

¿Qué cambió en aquellos años? La gente. El mundo había visto tantos horrores, que parecía que merecía la pena matar a miles de civiles inocentes si esto significaba que la guerra terminaría en seguida.

En 1939, casi todo el mundo creía que las guerras eran cosa de los soldados. La Segunda Guerra Mundial cambió este concepto para siempre. Las guerras afectaban a todo el mundo: tanto a las personas de las ciudades y pueblos como a los soldados en el campo de batalla.

Un norteamericano dijo: «Las guerras totales las gana el bando que posee las fábricas más grandes.»

MI FÁBRICA ES MÁS GRANDE QUE LA TUYA.

En la Segunda Guerra Mundial se hizo más fácil matar; era suficiente apretar un botón para soltar una bomba. Uno no veía el dolor que causaba, pero el horror real de la guerra era que muchas personas estaban dispuestas a matar a otras muchas a sangre fría. Los asesinos no mostraban ni una gota de piedad con nadie, ni siquiera ante un niño chillando, una mujer llorando o ante un débil anciano. Así es cómo puede afectar una guerra a las personas corrientes.

Lo que convierte a la Segunda Guerra Mundial en la más horrible de la historia son: la inocencia de las víctimas, el gran número de ellas y la increíble crueldad de algunos de los combatientes.

Por este motivo, es importante contar la verdadera de esa horrible historia. Nos ayuda a repasar el horror que se vivió y a insistir en la palabra del monumento a la entrada del pueblo destruido de Oradour-sur-Glane:

¿POR QUÉ LOS QUE MÁS NECESITAN RECORDAR SON LOS QUE OLVIDAN CON MÁS FACILIDAD?